생각의 돌파력

2016년 4월 15일 초판 1쇄 발행
지은이 · 김시래

펴낸이 · 이성만
편집인 · 정해종
책임편집 · 이한아, 이기웅 | 디자인 · 김애숙

마케팅 · 권금숙, 김석원, 김명래, 최의범, 조히라, 강신우
경영지원 · 김상현, 김현우

펴낸곳 · (주)쌤앤파커스 | 출판신고 · 2006년 9월 25일 제406-2012-000063호
주소 · 경기도 파주시 회동길 174 파주출판도시
전화 · 031-960-4844 | 팩스 · 031-960-4806 | 이메일 · hana@smpk.kr

ⓒ 김시래(저작권자와 맺은 특약에 따라 검인을 생략합니다)
ISBN 978-89-6570-325-9 (03320)

쌤앤파커스(Sam&Parkers)는 독자 여러분의 책에 관한 아이디어와 원고 투고를 설레는 마음으로 기다리고
있습니다. 책으로 엮기를 원하는 아이디어가 있으신 분은 이메일 book@smpk.kr로 간단한 개요와 취지,
연락처 등을 보내주세요. 머뭇거리지 말고 문을 두드리세요. 길이 열립니다.

직관과 통찰을 폭발시키는 힘

생각의 돌파력

· 김시래 지음 ·

쌤앤파커스

생각을 만드는 것이
막막한 이들에게

인생은 설득과 선택의 과정이다. 선거 후보가 국민을 설득하고 유권자인 국민은 후보를 선택하는 정치 사회 구조나, 기업이 소비자를 설득하고 소비자는 브랜드를 선택하는 경제 구조 같은 것이 인생의 메커니즘이다. 이것은 아무리 우리가 사는 환경이 급속도로 변한다 해도 결코 변하지 않는 삶의 원리다.

문제는 이런 설득과 선택이 시종일관 '경쟁의 과정'을 통해 이뤄진다는 점이다. 그러니 남과 다른 생각, 남보다 나은 생각이 필요하다. 남과 차별적인 생각은 나만의 독특한 관점에서 출발한다.

우리는 어느 상황에 직면했을 때, 그것을 확인하고 분석하고 해석한다. 분석은 대개 비슷하지만 해석은 저마다 다르다. 하나의 사건을 바라보는 언론매체들의 사설과 평론이 다르듯, 각자 가진 정보 해석의 틀이 같지 않기 때문이다. 여기서 해석의 틀이 바로 관점을 뜻한다. 관점이 차이를 낳고, 그 차이로 정보의 맥락이 변하는 것이다. 결국 남과 다른 생각, 남보다 나은 생각은 관점을 바꾸는 일이자 해석의 틀을 바꾸는 일이다.

이런 남다른 관점은 특히 시인들의 작품 속에서 가장 잘 알 수 있다. 시인 김용택이 쓴 〈첫눈〉이라는 작품에서 '까마득하게 잊어버렸던 이름 하나가 시린 허공을 건너와 메마른 내 손등을 적신다.'라는 구절이 그렇고 또 일본의 타다토모가 쓴 하이쿠에서 '이 숯도 한때는 흰 눈이 앉힌 나뭇가지였겠지.'라는 구절이 그렇다. 손등에 내려앉은 눈송이에서 그리움을 느끼고 새카만 숯에서 푸르던 소나무를 보다니, 바로 평범함에서 비범함을 끄집어내는 이 힘이야말로 사람의 마음을 설득하는 핵심이다.

다른 생각, 창의적인 생각 즉 아이디어를 얻기 위해서는 전혀 상관없어 보이는 개념들을 결합하여 낯설게 만드는 훈련을 해야 한다. 새로움이란 익숙하지 않은 다른 개념들이 충돌해서 생기는 낯섦에서 일어나는 것이기 때문이다. '낯설게 하는 작업'은 각각의 사물이나 현상을 색다르게 뜯어볼 줄 아는 눈을 가져야지만 가능하다.

좋은 예로 SK텔레콤의 광고를 들 수 있다. 광고 내내 전지현과 이정재가 나란히 서서 춤을 추며 "잘 생겼다."라고 노래를 부르고, 김연아가 거울로 자신의 얼굴을 비춰 보며 "잘 생겼다."라고 노래를 부른다. 광고 장면상 언뜻 보기에는 영화계를 대표하는 배우에, 미녀 스포츠 스타이다 보니 본인들의 생김을 가지고 말하는 것 같지만 메시지는 SK텔레콤의 광대역 LTE 통신망을 잘 만들어냈다는 것이다. 말장난 같다고 생각할 수도 있겠으나, 같은 말이라도 다르게 뜯어보는 눈과 이중적으로 연출하는 감각을 잘 보여준 사례이다.

소위 광고쟁이라 하는 사람들은 이런 식으로 뭐든 뜯어보는 눈으로 접근하고, 그렇게 접근해서 나온 생각의 파편들을 긁어모아 다양하게 결합시키는 작업이 일상이다. 프랑스의 수학자이자 천체물리학자인 푸앵카레(Jules Henri Poincare)가 "창조란 전혀 관계가 없어 보이는 생각의 파편들이 결합해서 만들어진다."라고 한 것처럼, 광고 아이디어는 창조의 개념과도 같다.

존재하고 있는 것들을 재료로 삼아 조합하는 새로움의 가치는 어디서든 누구든 만들어낼 수 있다. 그저 곳곳에 흩어져 있는 것들이 아직 결합되기 전일 뿐이다. 등잔 밑이 어둡다는 말처럼, 등잔 밑 아이디어를 보지 못하고 늘 먼곳, 밝은 곳에만 신경을 집중하고 있는 것이다.

이제부터 삶 곳곳에 널린 지식의 조각들을 모아 하나의 생각으로 만드는 방법에 대해 이야기할 것이다. 생각이 어디에서부터 시작되는 것인지, 세상을 어떤 시각으로 바라봐야 하는지, 나의 머릿속 지식들과 몸의 경험들을 어떻게 조합해야 하는지, 생각을 다른 사람에게 어떻게 전달해야 하는지 그리고 어떻게 동의를 얻어야 하는지에 대한 것들을 말이다. 이것을 위해 다양한 사례를 전달할 계획이다. 많은 사례로 이야기하고자 함은, 사례를 통해 떠오르는 정보와 지식들을 독자 스스로 결합해 자신만의 생각을 만들어보고 직접 정답에 가까운 길을 찾게 하고 싶기 때문이다.

최근 인공지능 알파고AlphaGo의 등장은 세상을 시끄럽게 했다. 바둑의 최고수 이세돌 9단과 알파고의 대국은 대중에게 충격을 던져주었다. 인공지능이 우리 생활 속으로 성큼 들어와, 다양한 분야에서 시대의 변화를 이끌고 있는 것이 사실이다. 인류가 그간 인공지능 개발에 많은 노력을 기울인 만큼, 인공지능의 수준이 인간의 사고력을 뛰어넘었던 경우가 적지 않다. 체스와 퀴즈 대결에서는 이미 이미 19년 전에 인공지능이 세계 최고수를 꺾었고, 몇몇 해외 언론사에서는 벌써부터 인공지능이 빅데이터 알고리즘 방식으로 직접 기사를 작성하니 말이다.

알파고가 이세돌 9단과 벌인 대국은 인공지능의 현재적 수준을 보여주는 척도로 여겨질 수도 있겠지만, 내 시각은 조금 다르다. 알파고의 등장이 보여주는 '포스트휴머니즘'에 대한 철학적인 고민이 필요하다는 의견이다. 이진우 교수가 쓴《테크노 인문학》에서 이를 잘 설명하고 있다. 그는 저서에서 현대 과학은 트랜스휴먼을 넘어 포스트휴먼을 바라보고 있고, 인간은 한계를 극복하는데 포기하지 않고 새로운 유형의 인간을 탄생시키려고 하는데 그 행위는 인간의 존재에 대한 공허한 의문을 메우기 위한 것이라고 했다.

이진우 교수가 설파한 것처럼, 인간은 스스로 만든 인공지능에 위협을 느끼고 있다. 우리의 존엄성을 침범할지 모른다는 두려움에서 오히려 인공지능을 경계하는 양태로 보인다. 그 증거가 바로 '바둑'으로 승부를 던졌다는 것이다. 바둑의 착점은 총 361개로 한 대국에서 나오는 경우의 수는 10의 170승, 매 수 마다 새 경우의 수를 계산하며 두기 때문에 컴퓨터가 인간의 사고력을 따라잡지 못하고 있던 것이 사실이었다. 그러나 알파고에는 1,200여대의 중앙처리장치로 연결되어 초당 10만 개 경우의 수를 계산할 수 있고 딥러닝이라고 하는, 입력된 데이터를 자가 활용해 인간처럼 학습하고 분석하고 구분까지 가능한 정보처리기능까지 탑재되어 실질적으로 바둑 프로기사보다 약 100배가 넘는 능력을 갖춘 셈이다. 이런 아이러니한 승부를 두고 우리는 무엇을 생각할 수 있을까?

인공지능과 인간의 사고력이 동등한 종류의 비교군이라고 보기는 어렵다. 예 또는 아니오라는 인식 체계, 0 또는 1로 구분하는 연산 처리 알고리즘과 환경에 적응하고 그 안에서 깨닫고 반성하고 대안점을 만드는 능력이 같다고 할 수 없을 것이다.

'생각'이라는 범주 안에 '지략'이라는 말이 있다. 어떤 일이든 문제든 명철하게 포착하고 분석하고 평가해 해결책을 능숙하게 세우는 뛰어난 슬기와 계략을 뜻하는데, 이런 능력을 가진 사람을 지략가라고 말한다. 바로 이것이 인공지능과 인간의 사고력의 현격한 차이점이다.

《생각의 돌파력》은 이 슬기와 지혜와 계략을 발현하는 생각을 만드는 법에 대해 이야기하는 책이다. 세상을 살아가는 사람들을 들여다보고 그 안에서 일어나는 일들을 체감하며 인사이트를 발견하는 방법, 그렇게 가치 있는 생각을 만드는 나의 관점을 길러내는 것에 대해 말하고 싶었다.

이 과정을 누구나 쉽고 빠르게 이해할 수 있도록 5가지 단계로 정리했다. 이 5가지 단계는 순차적으로 결합되어 최종적인 아이디어가 만들어지기도 하고, 때론 순서와 무관하게 각기 융합하거나 개별적인 요소만으로 아이디어가 탄생하기도 한다. 이런 단독적이면서 유기적인 결합을 통한 과정은 자동차를 타고 목적지에 이르는 여정과도 유사하다.

1. Enough Fuel ; 끝없이 솟아나는 열정

차가 작동할 때 가장 먼저 필요한 것은 역시 가득 찬 '연료'이다. 차가 움직이기 위해 연료가 필요하다면 우리가 아이디어를 찾아내기 위해서도 '열정'이 필요하다. 자동차는 탱크에 연료를 가득 채우는 것이 최대라면 사고력은 가득이라는 말이 무색할 정도로, '끝없는 열정'이 필요하다. 생각의 목적지를 거리상으로 비유하자면, 우리의 목적지가 대구나 부산일 수도 있겠지만 때로는 북경, 뉴욕 혹은 그 이상의 거리일지도 모르는 일이기 때문이다. 가끔은 화성이나 목성에 있는 경우도 있을 것이다.

우리에게 필요한 열정의 양은 '나의 생각으로 상황을 돌파해낸 때까지'인지도 모른다.

2. Wide & Deep Sight ; 꿰뚫어 볼 수 있는 관찰

다음으로 꼭 필요한 것은 '넓고 또 깊은 시야'이다. 우리 삶에 가야 할 곳을 정확히 알려주는 네비게이션을 갖고 있다면 얼마나 좋겠는가. 하지만 인생에는 네비게이션이 없다. 때로는 감각으로 때로는 경험만으로 태양이 지고 별이 뜨는 것과 같은 방위를 만들어야 한다. 어두운 시골길을 밤을 새워 달려야 할 때도 있고 복잡한 대도시의 러시아워를 헤치고 나가야 할 때도 있고, 시속 200km/h로 달리다가도 급하게 사거리를 만나 방향을 틀어야 할 일도 다반사이기 때문에 넓고도 깊은 면밀한 시야가 필요하다. 이것은 측면, 후면, 심지어 사각지대까지 볼 수 있는 능력을 의미한다.

모든 상황을 관통해서 볼 수 있는 수준의 관찰력이 필요한 것이다.

3. Powerful Engine ; 낯선 것 사이의 새로운 결합

연료와 시야가 확보되었다면 다음에 필요한 것은 '강력한 엔진'이 아닐까. 아무리 연료가 충분하고 전후 사방을 주시한다 해도 정작 엔진이 없으면 자동차는 그냥 껍데기일 뿐이다. 중요한 점은 좋은 엔진이 무조건 마력이 높은 것만을 의미하지 않는다는 것이다. 같은 양의 연료를 동일한 시간 내에 더 효율적으로 힘을 내고, 필요할 때 더 빨리 움직일 수 있는 최적의 성능이 필요하다.

생각이 만들어질 때 가장 강력한 힘을 내는 순간이 바로 머릿속에 있는 지적 정보와 몸에 녹아 있는 경험적 정보라는 재료들을 적절하게 섞고 결합해서 순도 높은 또 하나의 생각을 탄생시키는 '조합'의 단계이다.

4. Easy Control ; 스토리 형태의 구성

또 중요한 것은 누구라도 쉽게 운전할 수 있는 '쉽고 용이한 조작 장치'이다. 생각도 마찬가지다. 만들어진 생각이 누구에게나 쉽고 편하게 이해되는 것이 중요하다.

프랑스의 니콜라스 퀴뇨Nicolas Joseph Cugnot가 최초의 증기 자동차를 만들고 독일의 칼 프리드리히 벤츠Karl Friedrich Benz가 최초의 휘발유 자동차를 발명한 이래로 수많은 자동차가 자기 부정을 통해 개선하고 지향해온 것은 '용이함'이다. 모든 사람이 편안하게 끝까지 운전할 수 있게 스틱보다는 오토여야 할 것이고, 액셀러레이터에서 발을 떼도 주행 가능한 크루즈 기능, 자동 주차 등 운전하는 사람을 편하게 해주는 모든 기능을 최대한 많이 탑재해야 한다. 누구라도 탈 수 있고, 탄 사람은 최대한 오랫동안 편안하게 운전할 수 있게 하기 위해서라면 그 무엇이든 발명될 것이다.

생각 역시 그렇다. 전달하려는 모두에게 쉽고 편안하게 전달되고 기억되게 만들어져야 한다. 사람은 팩트가 아닌 스토리에 더 쉽게 관심을 갖고 더 흥미를 느끼며 더 오랫동안 인상 깊게 기억하게 된다.

5. Door&Sheet ; 설득과 동의의 참여

자동차 운전자의 실력이 좋을수록 그 자동차를 타려는 탑승자가 많을 것이고 다음에도 또 그 자동차를 타려고 하는 마음이 들 것이다. 즉, 이 자동차의 성능과 운전자의 실력은 탑승자의 선호도라고 볼 수 있다.

생각이 얼마나 주효한지도 동의하는 사람들의 숫자로 평가된다. 아무리 좋은 생각이라고 해도, 강요하거나 억지로 주입하면 생명력이 제대로 발현될 수 없다. 나의 생각에 자연스럽게 감화

되도록, 고개를 끄덕이도록, 박수를 치도록 만들어야 진정한 생각의 완성이다.

　이런 '생각이 만들어지는 공식'을 고민하기 시작한 것은 몇 년 전, 출장길에서였다. 당시 제일기획에서 몸을 담고 있던 시절로 사내 직원 교육 강의를 이끌던 때라, 사람들이 나에게 한 번씩은 물어왔던 "기발하고 창의적인 발상은 어떻게 해야 하나요?"라는 말이 고민스러웠다. '나는 아이디어를 낼 때 어떻게 했던가?', '내가 제안했던 아이디어가 어떤 효과가 있었던가?', '나의 생각을 어떤 사람에게 설득하려고 했고 어떤 사람들이 동의했던가?' 등을 계속 떠올렸다. 그런 고민의 나날 중, 뉴욕 출장길에 잠시 들렀던 블루노트라는 재즈 바에서 결정적인 계기를 마주했다. 스승과 제자 사이였던 두 재즈 뮤지션의 공연이었는데, 두 사람이 펼치는 즉흥 연주의 앙상블이 나의 답답함을 해소시켜줬다. 색소폰을 연주하는 백인 제자가 나비의 움직임처럼 맵시 있게 손가락을 놀려 풍부한 멜로디를 만들어내더니 곧 자신의 스승을 소개했다. 그들은 잠시 그윽한 눈빛을 주고받았고, 흑인인 스승이 놀라운 변주를 시작하자 그들의 하모니가 전율을 일으켰다. 둘의 얼굴 위로 튀어오르는 땀방울, 멜로디 사이로 소통하는 눈빛, 손끝마디마디에서 자아내는 테크닉, 끝도 없이 펼쳐지는 즉흥적인 변주 등 그들은 무아지경 속으로 빠져들고 있었다.

내가 그들에게 본 것은 창조의 과정이자 탄생의 결과였다. 서로의 고유성을 유심하게 바라보고 예측해 새로운 멜로디로 짜놓은 각본 없이 순수하게 곡을 만들어내는 순간이었다. 바로 이것이었다. 그들의 연주처럼, 우리의 생각도 집념의 열정, 유심히 바라보는 예리한 관찰력, 원래의 것을 새롭게 결합하고 탄생시키는 상징, 감동으로 만드는 서사적 구성력, 많은 사람을 감화시키는 기술, 이 5가지가 놀라운 생각이 만들어지는 과정이라고 말이다. 《생각의 돌파력》의 시작은 그때부터였다.

과연 이 땅에 '생각'이 필요 없는 곳이 있을까? 어디에나, 삶의 곳곳에 효과적인 아이디어, 힘 있는 생각이 필요하다. 특히 문제나 위기에 봉착했을 때 상황을 뚫고 나갈 혁신적인 생각이 간절할 때가 있다. 이 책은 바로 그럴 때를 예상하고 써내려간 일종의 수칙이라고 할 수 있다.

미래를 꿈꾸고 구축해야 할 학생들에게 자신의 비전을 세우는 과정에 이 생각법이 필요할 것이고, 구직을 갈망하는 취업준비생들에게 목적을 잡고 목표를 정하는 과정 그리고 그 기업에 나라는 사람을 설득하는 일에 이 생각법이 필요할 것이다. 또한 업무에 필요한 아이디어로 짐이 무거운 직장인 그리고 아이디어에 권태를 느끼고 있는 기업 내 관리자들에게 이 생각법이 필요할 것이다.

생각의 막연함에 시달리고 있는 모든 분께《생각의 돌파력》이 생각의 현장에서, 자신만의 생각의 힘을 만드는 작동법으로 도움이 되길 바란다.

여러분과 함께하는 생각의 현장에서
김시래 씀.

content

STEP 3 결합 & 상징
생각의 엔진을 작동시켜라

STEP 4 스토리텔링
생각의 가속도를 높여라

STEP 5 참여
생각의 동승자를 모아라

PASSION

STEP 1

달리는 자동차는 엔진이 아니라 기름이 움직이는 것이다.
생각을 움직이는 연료는 열정이다.

기름이 가득 찬 자동차가 멈추지 않듯이
열정이 가득 찬 생각도 지치지 않는다.

당신의 생각은 열정으로 끓고 있는가?

열정
생각의 에너지를 채워라

PASSION

집념은
몹시 뜨겁다

폴 고갱Paul Gauguin의 작품 〈언제 결혼하니?〉가 3억 달러에 낙찰되면서, 최고가였던 폴 세잔Paul Cézanne의 〈카드놀이 하는 사람들〉을 뛰어넘고 새로운 기록을 갱신했다. 이런 대단한 인상파 작품들이 화제가 될 때마다 거론되는 이름이 하나 있다. 일본의 목판화가 가쓰시카 호쿠사이葛飾北斎다. 호쿠사이는 일본 근세를 대표하는 화가이자 유럽 인상파 탄생의 계기가 되었던 우키요에의 대가로서, 이른바 '그림에 미친 노인'으로 유명하다. 그는 3만점이 넘는 작품을 그렸지만, 일흔이 넘어서야 대표작들을 줄이어 세상에 내놓았으니 노인이라는 말이 더 어울리기도 할 것이다.

그는 타계하기 직전까지도 그림을 그렸다고 한다. 그의 뜨거운 집념은 한 일화에서 더욱 잘 알 수 있다.

어느 날, 그는 친구에게서 수탉을 그려달라는 부탁을 받는다. 수탉을 그려본 적 없는 호쿠사이는 친구에게 일주일 후에 찾아와 달라고 한다. 일주일 후 친구가 왔지만 호쿠사이는 다시 한 달 후에 찾아와달라고 한다. 그 후 그는 반 년, 1년 계속 약속을 미루며 친구에게 3년이 되도록 수탉 그림을 주지 않는다. 더 이상 참을 수 없던 친구가 호쿠사이에게 크게 화를 내자, 호쿠사이는 종이를 가지고 오더니 그 자리에서 그리기 시작한다. 강한 생명력은 물론이고 기백마저 느껴지는 호쿠사이의 수탉 그림을 본 친구는 이렇게 그려주면 될 것을 왜 그동안 이상하게 굴었느냐고 묻는다. 호쿠사이는 조용히 친구를 자신의 작업실로 데리고 간다. 그의 친구는 문턱에서 그만 할 말을 잃는다. 호쿠사이가 지난 3년 간 밤낮으로 수탉을 그려낸 종이만이 작업실 안을 가득 채우고 있었기 때문이다. 호쿠사이는 한 번도 그려본 적 없던 수탉이었지만, 그 본연의 생명력을 표현해낼 때까지 그리기를 한순간도 멈추지 않았던 것이다.

그림을 향한 호쿠사이의 놀라운 집중과 열정은 그가 남긴 말에 더욱 깊이 배어 있다. 그의 대표 작품 중 하나인 〈후가쿠富嶽 100경〉을 내놓으면서 이런 바람을 했다고 한다.

• 호쿠사이는 일본 에도시대에 활약한 대표적인 목판화가다. 삼라만상 모든 것을 그림에 담는 것이 목표였던 그는 일생동안 3만점이 넘는 작품을 남겼고, 일본 풍경판화 역사에서 정점을 보여줬다. 그의 작품이 모네, 반 고흐 등 서양의 인상파 및 후기 인상파 화가들에게 강렬한 인상을 심어준 것으로 알려져 있다.

"나는 여섯 살 때부터 자연을 그리기 시작했다. 화가가 되어 쉰 살에 명성을 얻었지만 일흔 살 전에 했던 모든 것은 쓸모없는 짓이었다. 일흔세 살에야 날짐승과 들짐승, 벌레와 물고기의 구조를 파악했고 식물이 자라는 이치를 이해했다. 계속 노력하면 여든여섯 살에는 그런 것들을 더 완벽하게 파악하고, 아흔 살에는 자연의 핵심을 꿰뚫고, 백 살에는 신묘하게 통찰하고, 백서른 살 백마흔 살에는 내가 그린 점 하나, 획 하나가 살아 움직이는 경지에 이를 것이다. 하늘이 내게 장수를 주셔서 이 말이 거짓이 아니라고 증명할 수 있기를 바랄 뿐이다."

인생이 저물어가는 노년에도 오직 그림에만 몰두하고 경지에 이르는 순간을 염원했던 호쿠사이의 뜨거운 집념이야말로 과업을 이룬 연료가 된 것이다.

어쩌면 호쿠사이가 집념을 갖게 된 배경에는 젊은 시절 화가로서의 명성을 얻지 못했던 일종의 열등감이 있었을지도 모른다. 인간에게 있어 열등감만큼 뜨거운 것도 없으니 말이다.

나는 첫 직장생활 시절, 열등감에서 비롯된 열렬하고 강렬한 집념을 경험한 적이 있다. 열등감이 열정의 촉매제가 된 경우다. 내가 처음으로 몸 담았던 곳은 대웅제약 홍보실이었다. 나와 같이 광고학을 전공한 대학 동기들은 오리콤이나 동방기획 같은 대형 대행사에 취직해 광고를 제작하는 일을 하고 있었다. 대행사에 다니는 친구들을 만날 때마다 활기차게 일하며 사는 모습이 부러웠다. 그러면서 나도 모르게 종종 스스로 과소평가하기도 했다. 홍보실 일이 나빠서라거나 싫어서는 아니었다. 좀 더 분투하는 일을 해보고 싶었다. 여러 생각이 교차하던 가운데, 마음 깊은 곳에서부터 알 수 없는 뜨끈한 무언가 힘껏 치솟는 것을 느꼈다. 지금 내가 주어진 것에서 최선으로 할 수 있는 것부터 하자, 라는 의지가 강하게 일었다. 친구들과의 비교에서 시작된 결핍이 열정이 된 것이다.

회사를 다니면서 광고 공모전을 준비하기 시작했다. 뜻이 맞는 같은 회사 디자이너와 함께 꼬박 2년을 투자했다. 선배 직원들

김 밥인가?
金 밥인가?

소중한 당신─
그때 밥을 먹었던 5000년이야.
겨자, 생강, 쓰가루…
무엇이든 소중한 이성의 아름다움에
무궁화의 땅처럼이라야 이성처럼 모바이다.
잘난 이유 수 없어버렸어요야.
오랜 시간에 생활 안경 연금.

아내 공범인 당신은 세상이 깊었습니다.
소중한데 아깝게도 내버려버렸습니다.
곱게는 사이기 넓었겠만 소중 말합니다.
기억해도 안됐고 하려도도 물분도 있었고 있어요.
하늘이 당신을
잘났습니까? 못났습니까?

나의 말처럼 손이 아픈 미움이 자존감도,
수많았습니다 이 감사는 산업이 아떠입니다.
이야기에서 손님 가겠운 것은니다.
아마이가의 손수 때문이 감정니.
대화로 이야기하게 깨끗이 잘되니
예쁘 어떤점에요 계속하 많겠음을
진짜로 물건 살것니다.

🔊 공익광고협의회

• 1992년 한국일보 광고 공모전에서 우수상을 수상했던 출품작이다. 당시 어머니가 정성스
럽게 싸주는 김밥이 아닌 돈으로 김밥을 대신하는 세태를 풍자하는 메시지를 담아 기획했
다. 정서와 물질을 대조해 접근함으로써 메시지를 인상 깊게 전달했다는 호평을 받았다.

이 퇴근하면 둘이 마주 앉아 밤새 공모에 맞는 기획을 하고 사비
로 촬영비, 소품비, 진행비도 충당했다. 때문에 비록 몸은 축나고
주머니는 가벼웠지만 정신만큼은 건강하고 가슴속만큼은 부자였
다. 결국 2년째 되던 해 한국일보 공모전 우수상과 조선일보 공
모전 장려상을 연속으로 수상하는 짜릿한 영예를 얻었다.

그 후, 까다롭고 어려운 프로젝트를 진행할 때면 그 시절의 뜨
거운 집념을 복기하듯 떠올렸다. 당시의 뜨겁고 간절했던 집념은
내 이름 석 자를 걸고 일하는 것에 자부심을 갖게 했고 나아가 보
람 있는 성과를 이룬 원동력이 된 것이다.

경지를 향한 염원의 집념이든 열등감 극복의 집념이든 나를 가만히 있을 수 없게 만드는 자발적인 열정이 어떤 일이든 돌파할 수 있는 생각과 행동의 에너지가 되는 것은 분명하다.

나를 자극하자. 열정을 에너지로 삼아 끊임없이 생각하고 부딪히며 자극하자. 더 뜨겁게 불태우도록 자극하자. 그것이 바로 생각의 연금술이다.

열정이
위험할 때도 있다

아무리 불광불급不狂不及, 광적으로 덤벼들어야 이룰 수 있다고는 하지만 열정은 강할수록 조심해야 한다. 강한 열정은 판단을 흐리게 하고 이기심과 욕심을 불러일으키는 못된 속성도 지니고 있음을 알아야 한다.

지나친 사랑이 집착으로 변질되듯 과도한 열정은 광기가 된다. 무엇이든 지나치면 방향성을 잃기 쉽다. 이는 인류의 역사에서 반복적으로 나타나는 교훈이 아니던가. 합목적적인 기준으로 통제된 열정이 실질적인 힘을 발휘하는 것이다.

좋은 연료는 탁월한 발열량과 연소성을 갖고 있어야 하지만, 그만큼 중요한 또 다른 조건은 찌꺼기가 없어야 한다는 점이다. 다시 말해, 불순물이 없이 잘 정제된 연료여야 한다는 뜻이다. 좋은 연료를 써야지만 어떤 기계든 성능과 효율을 높일 수 있다.

이처럼 열정도 마찬가지다. 뜨겁고 강력하더라도 불순물이 섞여 있는 열정은 돌파력을 지닌 생각을 만들어내지 못한다. 그렇다면 정제된 열정은 어떤 것을 말하는 걸까?

열정은 갈망과 열망을 구분해야 한다. 갈망이 즉각적이고 다급한 감정이라면, 열망은 가슴 깊은 곳에서 솟아오르는 욕구다. 갈망이 타인의 잣대라면 열망은 자신의 잣대다. 그렇기에 열정은 되도록 갈망보다 열망에 가까운 것이 좋다. 그런 열정이어야 힘 있는 사고를 할 수 있다.

대기업에 취업하고자 하는 것은 갈망일까, 열망일까? 대학 강단에서 학생들과 수업하던 중에 이 주제로 이야기해본 적이 있다. 대기업 입사를 준비하는 학생이 얼마나 되는지 궁금해서 손을 들어달라고 했더니 강의실을 채운 모두가 손을 들었다. 그 광경을 둘러보자, 적잖이 슬퍼졌다. 물론 요즘같이 먹고살기 어렵고, 처한 환경과 타협이 익숙한 시대에 대기업 입사를 목표로 두는 것은 자연스러운 현상이다. 그러나 대기업에서 무슨 일을 어떻게 하고 싶은지에 대한 열정 어린 목적을 둔 학생이 얼마나 될

까 하는 생각에 안타까움이 밀려왔다. 국내 대기업에 들어간 신입사원 중 1년 이내 조기 퇴사한 숫자가 1,000명이 훌쩍 넘는다. 저마다 사정이 있겠지만, 1년이 채 안 돼서 어렵게 들어간 직장을 나올 결심을 하기까지 현장에서 얼마나 처절하게 한계를 느꼈을지 생각만 해도 안쓰럽다. 20대 초반이면 자신의 재능과 소질을 알아가는 시기인데, 그 과정을 충분히 겪지 못하고 주변인들의 시선과 처한 사정에 의해 떠밀려 조급하게 결정한 까닭이 아닐지. 갈망과 열망을 구분하지 못한 결과일 것이다. 내 안에 끓고 있는 열정을 들여다보지 못한 탓이다.

나는 평생 나와 사는 것이다. 아무도 나만큼 나를 책임지지 않는다. 그렇기에 나는 나에게 귀 기울여야 하고 내 안에 있는 열정을 들여다봐야 한다. 내가 무엇을 사랑하는지, 무엇으로 버틸 수 있는지 등 내면과 마주하는 것이 필요하다. 그 과정을 거친다면 밥벌이의 일이든, 일상에서 생기는 문제든, 사람 관계에서 겪는 위기든 어떤 상황도 돌파할 수 있는 나만의 고유한 사고력이 길러질 것이다.

생각의 발전소,
호기심

아리스토텔레스Aristoteles는 호기심이야말로 인간을 인간이게 하는 특성이라고 하며, 인간의 학문은 호기심에서 출발한다고 했다. 발명왕 에디슨Thomas Alva Edison이 어린 시절 암탉이 알을 품는 것을 보고 자신이 품으면 어떻게 되는지 궁금해서 직접 알을 품었던 일이나, 곤충학의 아버지 파브르Jean Henri Fabre가 부모님께 혼이 나면서도 궁금한 것들을 주머니에 잔뜩 넣어왔던 것은 바로 아리스토텔레스가 말한 인간의 고유한 특성인 호기심 때문이다.

호기심은 지식체계를 놀랍도록 상승시켜준다. 또한 세상에 대한 견문을 폭넓게 이해하도록 도와주며 창의적 사고와 행동에 긍정적인 영향을 미친다. 그러므로 호기심은 우리의 사회와 문화를 발전시키고 윤택하게 만드는 생활의 가장 근원적인 욕구이자 본능인 것이다.

하지만 호기심은 그만큼 무서운 것이기도 하다. 호기심의 위험성을 경고한 것이 유명한 그리스 신화 '판도라의 상자'에 대한 이야기다.

프로메테우스가 인류에게 불과 지식, 기술을 가르친 사실을 안

제우스는 크게 진노하여 그에 맞는 재앙을 주기로 했다. 그에 따라 대장장이의 신 헤파이스토스가 흙으로 꽃조차 부끄러워하는 처녀의 모습을 만들어냈고, 지혜와 기술의 여신 아테나는 그녀에게 여성이 할 수 있는 모든 재능을 부여하고 띠와 옷을 선물했다. 그리고 아프로디테는 이 처녀에게 사랑스러움을 불어넣었다. 신들의 선물이 계속됐고 마지막으로 헤르메스가 그녀의 가슴에 거짓, 아첨, 교활함, 호기심을 채워주면서 신들로부터의 선물이라는 의미를 지닌 '판도라'라는 이름을 붙였다. 그렇게 최초의 여자인 판도라가 탄생했다. 이는 신들이 힘을 기울여 창조한 아름다운 재앙이자, 남자가 결코 거절할 수 없는 매혹의 상징이었다. 제우스는 신들의 사자使者인 헤르메스를 시켜 판도라를 프로메테우스의 동생 에피메테우스 앞으로 데려갔다. 에피메테우스는 프로메테우스로부터 "제우스가 보내는 선물은 인간에게 화를 미치기 때문에 돌려보내라."라는 충고를 들어왔으나 이 말을 완전히 잊고 기뻐하며 판도라를 아내로 맞이했다. 한편 에피메테우스의 저택에는 인간에게 해가 되는 온갖 것이 봉인된 항아리가 하나 있었다. 헤르메스로부터 호기심이 심겨진 판도라는 그 안을 확인해 보고 싶은 강렬한 욕망에 시달리다가 결국 어느 날 항아리를 살짝 열어보고 말았다. 그러자 안에서 죽음과 병, 질투와 증오와 같은 수많은 해악이 한꺼번에 튀어나와 사방으로 흩어졌고, 판도라의 위험한 호기심 때문에 인간은 그때부터 지금까지 여러 재앙으

호기심을 궁금증을 해소하는 정도로밖에
활용하지 못한다면,
생각을 방해하는
위험한 요소로 만들어버릴 수도 있다.
얕은 수준의 지식과 허술한 정보들이
산발적으로 머릿속을 부유하다가
결국 유기적인 고리들이 발견되지 못한 채
조각조각 흩어져
지식 쓰레기가 되어버리기 때문이다.

로 괴로워하게 되었다고 전해진다.

이렇듯 인간의 호기심은 프로메테우스가 인류에게 가르쳤던 불과 기술처럼 삶을 발전시켜주지만, 반면 판도라의 상자처럼 위험에 빠뜨릴 수도 있다. 호기심의 양면성을 어떻게 구별해야 할까?

호기심을 프로메테우스의 불처럼, 생각을 만드는 데 긍정적인 연료로 활용하려면 많은 지식을 알음알음 꿰어 맞추는 꼼꼼함과 구성력을 갖춰야 한다. 호기심을 단순히 궁금증을 해소하는 걸로 그치지 않고 하나의 퍼즐그림처럼 맞추듯 여러 지식과 정보를 잘 짜서 맞추면, 체계적인 논리를 갖춘 아이디어가 탄생한다. 하지만 호기심을 궁금증을 해소하는 정도로밖에 활용하지 못한다면, 생각을 방해하는 위험한 요소로 만들어버릴 수도 있다. 얕은 수준의 지식과 허술한 정보들이 산발적으로 머릿속을 부유하다가 결국 유기적인 고리들이 발견되지 못한 채 조각조각 흩어져 지식 쓰레기가 되어버리기 때문이다. 우리의 생각 용량은 한정되어 있다. 나의 머릿속이 이 의미 없는 생각 파편들로만 채워지길 바라는가? 호기심이 어떻게 아이디어가 되느냐는 바로 이 활용에 있다는 사실을 기억해야 할 것이다.

모든 경험은
지혜를 남긴다

"시속 60마일로 달리는 롤스로이스에서 들리는 가장 큰 소음은 전자시계에서 나는 소리다."

이 명카피는 광고의 아버지라고 불리는 데이비드 오길비David Ogilvy의 역작이다. 당시 이 카피가 실린 롤스로이스 신문광고가 나가자 롤스로이스 판매 사상 '완판'이 되기까지 했다. 이 강력하면서도 간결한 문장은 어떻게 탄생된 것일까?

롤스로이스를 만드는 엔지니어들에게는 다른 정비공들이 참고할 수 있도록 정비교범을 작성하는 것이 원칙이다. 오길비는 이 점을 놓치지 않고, 직접 롤스로이스의 공정 현장을 찾아가 만들어지는 과정과 정비교범을 꼼꼼하게 살펴보았다. 엔지니어링의 과정을 조사한 결과, 당시 자동차의 승차감만을 강조했던 광고들의 틀에서 벗어나 롤스로이스만의 품격과 가치를 드러낸 탁월한 광고를 만들어냈다. 오길비가 단지 기획자의 브리핑으로만 이 자동차를 분석하려고 했다면, 사무실 책상에 앉아서 이 자동차의 정보를 기록한 서류들로만 구상하려고 했다면 우리는 후대에 길이 남을 이 한마디를 만나지 못했을 것이다.

만약 일주일동안 호랑이를 파악해야 한다면 무엇부터 시작할

• 오길비는 "사람들이 무언가를 하도록 설득하거나 무엇을 구매하도록 설득하려면 들의 언어를 사용해야 한다."라고 말했다. 일상에서 쓰는 단어, 생각할 때 사용하는 언어로 소통해야 한다는 의미다. 그는 전문용어 대신 일상용어를 사용하고, 형용사나 수식어는 사용하지 말아야 한다고 강조했다.

것인가? 대부분은 포털사이트 검색창에 '호랑이'를 쳐서 관련 기록들을 쭉 읽어볼 것이다. 아니면 일부는 도서관이나 서점에 가서 호랑이에 관련된 책을 찾아 읽어볼 수도 있겠다. 또 아니면 몇몇은 동물원으로 가서 호랑이를 보고 올 수도 있을 것이다. 이런 방법들은 호랑이의 섭생이나 대표적인 특징, 외형 등 일반적인 정보들만 알 수 있을 뿐, 호랑이의 진면목을 알기에는 한계가 있다. 무엇이든 '있는 그대로의 모습'을 알려면 직접 겪어봐야 한다. 호랑이도 마찬가지다. 위험하고 힘들지만 호랑이의 터전으로 직접 들어가지 않으면 제대로 파악할 수 없다.

TV에서 자연 다큐멘터리 프로그램을 보다 보면 제작진이 온몸에 동물의 분뇨를 바르고 들풀과 나뭇잎으로 덮은 철장 안에 들어가 맹수나 야생동물을 촬영하는 장면이 방영되곤 한다. 그들이 위장하는 것은 동물의 공격을 피하기 위한 것도 있지만, 그보다 더 중요한 이유는 사람의 냄새와 흔적을 지워 실제 생태계를 교란시키지 않고 있는 그대로의 모습을 담고자 함이다.

이런 원리를 좋은 사례로 보여준 것이 글로벌 광고대행사 사치앤사치의 CEO 케빈 로버츠Kevin Roberts다. 그는 급속도로 커지는 중국 소비 시장을 파악하기 위해 사치앤사치 직원 7명을 중국으로 파견했다. 그들에게 주어진 미션은 '중국인처럼 입고, 중국인처럼 씻고, 중국인처럼 자고, 중국인처럼 먹고, 중국인이 되어 그들의 심리를 느끼는 것'이었다. 그렇게 7명은 중국인과 함께 밥

● 사치앤사치의 CEO 케빈 로버츠는 "일주일에 적어도 세 번은 소비자와 만나야 한다."라고 말하며 경험 중심의 고객 소통법을 중요하게 여긴다.

을 먹고 잠을 자고 그들의 명절까지 함께 지내면서 약 4만km가 넘는 여정을 촬영하고 기록했다.

케빈 로버츠는 문화 연구와도 같은 이 과정을 "결국 문화를 존중하는 제품과 서비스를 개발하는 게 바로 그들과 연결될 수 있는 길이라고 하는 아주 중요한 사실을 알게 됐다."라고 했다. 호랑이를 제대로 알기 위해 정글로 들어가듯, 중국인의 삶 속으로 들어가 그들과 하나가 되었던 것이다.

흔히 한 번 보는 것이 백 번 듣는 것보다 낫다고 한다. 생각의 힘을 기르기 위해서는, 저돌적인 아이디어를 얻기 위해서는 보는 것으로 그쳐서는 안 된다. 무엇이 되었든 직접 부딪히고 몸소 느끼며 열정적으로 체득해봐야 그 본질을 알 수 있다.

본질은 힘이 세다. 그러므로 직접 겪으며 땀과 열정을 통해 나온 아이디어는 남녀노소, 시대를 불문하고 모두를 설득시킬 수 있는 것이다.

99%의 싱크Think
1%의 잉크Ink

미국의 저명한 카피라이터 헬 스테빈스Hal Stebbins는 "카피는 99%의 싱크Think와 1%의 잉크Ink로 쓰인다."라고 말했다. 그가 얼마나 수없이 많은 생각을 통해 한 문장을 만들어내는지 알 수 있는 말이다.

상당한 경지에 오른 전문가들이 흔히 하는 말이 "어느 날 갑자기 머리를 세차게 때리는 것 같은 아이디어가 떠올랐다."라는 것이다. 단언컨대 '어느 날 갑자기'는 사실이 아니다. 하나의 아이디어를 위해 말로 표현하지 못할 정도로 머리를 쥐어짜며 집중했기에 '무엇인가 머리를 세차게 때리는 것 같은' 충격을 주는 빅 아이디어가 탄생할 수 있는 것이다.

아인슈타인Albert Einstein의 유명한 상대성 이론인 'E=mc²'가 연구실의 수많은 낙서 사이에 찍힌 커피잔 자국에서 비롯된 것이라는 일화는 익히 알려져 있다. 분명 어느 날 갑자기 커피잔 자국을 보자마자 바로 이거다, 라고 하지는 않았을 것이다. 흔히 어디서든 볼 수 있는 자국을 보며 비교하고 추론하고 역설하는 과정을 반복하면서 얻어낸 생각의 산물일 것이다.

작은 현상 하나로도 큰 이치를 발견하는 생각의 모험은 아무나 할 수 있는 일이 아니다. 사고의 과정이 끊어지지 않도록 해주는 지식이 있어야 하고 집중력이 있어야 한다. 많은 지식과 그 지식들을 연결시킬 수 있는 집중력으로 생각을 거듭해나가다 보면 아이디어는 찾아오기 마련이라는 것을 기억하자.

아이디어는 우리 주변 어디에나 널려 있다. 단지 우리가 미처 발견하지 못하고 있을 뿐이다. 평범한 일상 속에서도 위대한 발견은 언제나 가능하다. 하지만 위대한 발견이 쉽지 않은 것은 생각의 끈기가 없기 때문이다. 생각하는 것이 조금이라도 귀찮게 느껴져서 금세 포기하고 마는 게으름 때문이다. 아이디어는 친절하거나 다정하지 않다. 이쪽에서 손을 놓아버리면 가차 없이 돌아서 가버리는 게 바로 아이디어다.

국내 최고의 크리에이티브 디렉터라고 불리는 한 사람과 중요

아이디어는 복권이라 아니라
저축한 만큼 찾아서
쓸 수 있는 자유적금이다.
필요한 대로 아이디어를 찾아 쓰려면
근면 성실한 저축 습관을 가져야 한다.

얼마나 많이 생각하고 다양하게 생각하고
부지런하게 경험했는지에 따라
축적된 생각의 수준이 결정된다.

한 프리젠테이션 경합을 마친 뒤 회식 자리를 함께한 적이 있다. 누군가가 그에게 질문했다. "어떻게 해야 탁월한 크리에이티브를 만들어낼 수 있나요?" 그의 대답은 의외였다. "사람들은 보통 회사에 나가 있을 때만 프로젝트에 대해 생각하죠. 저는 어디서든 24시간동안 프로젝트를 생각해요. 백화점에서 쇼핑할 때도, 밥 먹을 때도, 운전을 할 때도, 아이 학교의 발표회에 참관하면서도, 지금처럼 술을 마실 때도요. 프로젝트만 생각해요. 굳이 차이를 따지자면 생각하고 집중하는 시간의 양이 아닐까 싶습니다."

아이디어는 생활의 발견이다. 이 크리에이터의 말처럼 아이디어가 일상과 자연스럽게 호환이 되도록 습관화시킨다면, 언제 어디서든 돌발하는 문제를 해결하는 아이디어, 즉 힘 있는 생각이 나올 수 있는 것이다.

아이디어는 복권이라 아니라 저축한 만큼 찾아서 쓸 수 있는 자유적금이다. 필요한 대로 아이디어를 찾아 쓰려면 근면 성실한 생각 저축 습관을 가져야 한다. 얼마나 많이 생각하고 다양하게 생각하고 부지런하게 경험했는지에 따라 축적된 생각의 수준이 결정된다.

꼼꼼하게, 많은 것을 기록하자. 생각하는 것을 귀찮아하지 말고 다양한 측면에서 접근하자. 때로는 엉뚱한 상상도 즐기자. 이 모든 것을 꼬박꼬박 노트의 마지막 장까지 채워서 저축하자. 이것이 쌓이고 쌓이면 아이디어 부자가 된다. 그렇게 되면 언젠가 사람들이 나에게 와서 비싼 이자를 내며 나의 아이디어를 빌려가는 날이 올 것이다.

덕후는
남다르다

SNS는 이제 하나의 생활 양식이 되었다. 그에 따라 기업들도 고객과의 소통과 더 나아가 이미지 홍보를 위해 트위터나 페이스북 등에 계정을 만들고 관리한다. 그런데 기업이 아니라 고객이 만든 기업 계정이 하나 있다. 바로 세계적인 파급력을 가진 기업인 코카콜라다.

코카콜라의 페이스북 계정은 더스티와 마이클이라는 코카콜라의 팬이 최초로 만들었다. 그들은 페이스북에서 자신들이 좋아하는 코카콜라의 계정을 찾았지만 등록되어 있지 않은 것을 알고 직접 계정을 만들어 관리하기 시작했다.

코카콜라를 향한 이들의 애정은 3천 3백만 명이라는 팔로우 수를 기록했고, 이는 미국 대통령 오바마 계정의 팔로우 수를 능가하는 숫자다.

더스티와 마이클은 단순히 팔로우 숫자를 늘리기 위한 작업만

한 것이 아니다. 스스로 코카콜라의 크리에이터가 되어 코카콜라 신제품 소개부터 코카콜라의 새로운 소식을 전하기도 하고, 매년 코카콜라가 탄생한 날에는 생일 기념 UCC를 제작해서 전 세계적으로 홍보하는 등 다양한 이벤트를 연출하고 있다.

놀라운 점은 이른바 이들의 '팬질'이나 팔로우 숫자가 아니다. 이들이 애정을 갖고 자발적으로 움직여 모두가 즐길 수 있도록 플랫폼을 구축하고 지속적으로 활동을 만들어가고 있다는 점이다. 그들의 열정은 순수했고, 즐겁게 해나가는 것들이 코카콜라 페이지를 성장시키는 원동력이 된 것이다.

지지자 불여호지자 호지자 불여락지자知之者 不如好之者 好之者 不如樂之者, 아는 사람은 좋아하는 사람만 못하고 좋아하는 사람은 즐기는 사람만 못하다는 《논어》 속 공자의 말씀이 있다. 시켜서 억지로 하는 일과 좋아서 즐기며 하는 일의 결과 차이는 엄청나다. 즐기는 마음에는 열정이 담겨 있고 그 열정이 쌓이면 재능이 되고 재능이 쌓여서 능력이 된다.

또한 즐거움은 에너지가 되기도 한다. 일을 하든, 운동을 하든 즐겁게 하면 정신적 피로뿐 아니라 육체적 피로를 덜 느끼게 된다. 일반적인 한계를 뛰어넘는 생체 리듬이 만들어지는 것이다. 42.195km를 쉬지 않고 달려야 하는 마라토너들에게 찾아오는 러너스 하이Runner's High, 높은 기압과 극한의 추위에도 불구하고 고산의 정상을 향해 올라가는 등산가들이 겪는 클라이머스 하이Climber's high가 바로 그것이다. 이런 한계점을 극복하면 강렬한 쾌감과 함께 극적인 동력이 생기는데, 신경의학 전문가들은 이를 엔도르핀의 효과라고 한다. 이 현상은 놀이에 푹 빠진 아이의 상태와도 같다고 한다. 온종일 뛰어놀면서도 지친 기색은커녕 점점 더 웃음소리가 커지고 밝아지는 아이들의 즐거움이 에너지를 만드는 대표적인 예이다.

이런 즐거움은 생각하는 일에 추진력으로 작용하고, 업무에 있어서 생산성을 극대화시키기도 한다. 그런 이유로 최근 여러 기업에서 일을 즐기면서 할 수 있는 환경을 조성하는 데 힘쓰고 있다. 직원들의 자유로운 표현과 분방한 사고를 돕는 프로그램을 만들어 운영하거나, 문화생활을 지원하는 복지 규정을 두기도 한다. 이런 노력에도 불구하고 대부분 기업 HR 담당자들은 전체적인 사내 분위기가 다소 부드러워지고 엄격한 위계질서를 허무는 데 도움은 됐지만, 직원들의 성과를 획기적으로 이끌어내는 데는 효과적이지 않았다는 의견이다.

즐거움은 개인적인 것으로, 각자의 몫이다. 따라서 회사는 직원에게 즐거움을 심어주는 것이 아니라 즐겁게 일하는 직원이 더 성과를 낼 수 있는 근무 조건으로 조력하는 역할을 하면 된다. 이런 유기적인 구조는 대표적으로 현대카드나 제일기획 등 서비스

● 칙센트미하이가 주장한 창의성과 관련된 몰입의 개념은 많은 분야에서 인용되고 있다.

와 광고 분야의 기업에서 볼 수 있다. 또한 구글, 네이버, 다음카카오 같은 포털 콘텐츠 기업에서도 마찬가지다. 그 외에도 흥미로운 사례를 보여주는 곳이 있는데, 바로 이례적인 급성장으로 주목받는 레진엔터테인먼트다. 국내 웹툰을 토대로 콘텐츠 사업을 시작한 기업으로서, 이곳에 모인 직원들의 개성과 역량이 예사롭지 않다. 입사 지원서부터 독특하기로 알려져 있다. 공인 영어 시험 성적이나, 제2외국어 능력이나 학점, 학벌, 유학 또는 연수 경험 등에는 큰 비중을 두지 않는다. 다만 중요하게 여기는 것은 '덕후'이냐는 점이다. 레진엔터테인먼트 입사 지원서는 '자신의 덕질에 대해 분량에 관계없이 매우 상세하게 기입'하도록 되어 있다.

덕후라는 말은 일본의 오타쿠ォタク라는 말에서 변형된 것으로, 좋아하는 것이 뚜렷하고 그것에 대해 깊은 탐구는 물론, 그것에 대한 지식 수집을 즐겁게 지속적으로 하는 사람을 가리킨다. 이런 자질이 있는 사람을 레진엔터테인먼트에서 입사 기준으로 보는 이유는 자신의 전문 업무를 즐기면서 일할 태도가 되어 있느냐일 것이다. 자신이 좋아하는 것을 즐겁게 지속적으로 하는 사람에게는 대단한 몰입력이 있기 때문이다.

몰입의 이론을 세운 세계적인 심리학자 미하이 칙센트미하이Mihaly Csikszentmihalyi는 "좋아하는 것을 할 때 몰입할 수 있고 몰입이야말로 가장 행복한 순간이다. 그러므로 자신이 좋아하는 일을 직업으로 삼아야 한다. 그럴 때 진정한 열정, 창의성이 나온다. 그럴 때 가장 좋은 결과를 얻을 수 있다."라고 말했다.

몰입이란 무엇일까? 종일 한 장난감에만 푹 빠져서 가지고 노는 어린 아이, 잠도 못 이룰 만큼 사랑이란 감정에 휩싸인 소년같이 자연스럽게 깊이 빠져드는 것을 말한다. 무엇인가에 몰입하는 이들에게는 공통점이 하나 있다. 바로 그 자체를 조건 없이 즐긴다는 것이다.

애플의 스티브 잡스Steve Jobs가 스탠포드대학의 졸업식에서 연설하면서 남긴 어록이 있다. "계속 갈구하라, 여전히 우직하게!(Stay Hungry, Stay Foolish!)" 이 말의 핵심은 '계속'이라는 단어에 있다. 어떤 목표를 두지 말고 어떤 조건에 구애받지 말고, 끊임없이 사고하고 탐구하라는 의미로 해석된다.

좋은 아이디어는 계산된 시간과 초조함에서 나오지 않는다. 몰입은 무아지경의 순간, 그야말로 '정신줄'을 놓는 일이다. 조건이나 상황, 이후에 벌어질 일 따위는 깡그리 잊어버리고 생각하지 않는 것이다. 마치 전설로 남은 2002년 월드컵 4강 응원전처럼 말이다. 광화문에서부터 서울역까지 이어지는 길을 가득 메웠던 당시의 모습은 말 그대로 절정의 몰입이지 않았는가.

불필요한 잡생각 없이 아이디어의 파편들이 꼬리의 꼬리를 물고 이어지는 과정을 즐기는 순간, 몰입의 힘이 발휘되어 결정적인 생각이 만들어지는 것이다.

OBSERVATION

운전의 기본이 운전석의
앞과 뒤, 그리고 양 옆을 세심하게 살피듯
생각의 출발도 대상과 상황의 주변을
면밀하게 파악하는 것에서 시작한다.

인문으로 다져진 넓고 깊은 시야는 누구도 알아채지 못하는
생각의 사각지대를 없애고 생각의 잠재력을 드러낸다.
당신은 생각의 원근과 배경까지 꿰뚫고 있는가?

관찰
생각의 가능성을 발견하라

OBSERVATION

모든 것은
하나로 연결되어 있다

"불교 공부의 핵심은 관찰입니다."

해인사 홈스테이 프로그램에 주지스님께서 처음 일갈하시는 말씀이다. 선을 행하는 것도, 울력을 행하는 것도 모두 마음의 흐름을 정확히 찾아내고 하나하나 짚어 내는 과정이라는 의미다. 이처럼 사태의 흐름과 경과를 면밀히 바라보고 파악하는 과정이 야말로 새로운 생각의 출발점이 될 수 있다.

장석주 시인이 쓴 〈대추 한 알〉이라는 시에서 면밀한 관찰력의 힘을 알 수 있다. 한 알의 익은 대추로부터 태풍과 천둥과 벼락이들이치던 지난한 시간과 경과까지 이야기하는데, 보이지 않는 것까지 볼 수 있는 시인의 고유한 힘이 느껴지는 작품이다. 세상에 우연히 만들어지는 것이 없듯, 한 알의 대추도 "저절로 붉어질 리가 없다."라는 시인의 문장에서 그의 통찰을 느낄 수 있다. 시인의 예사롭지 않은 관찰력이 한 알의 대추를 인간 세상의 진리를 대변하는 상징으로 새롭게 만드는 것이다. 이 시에서 돋보이는 시인이 가진 통찰의 출발은 하나의 사물과 사건의 인과를 추론해내는 것에서부터 시작된다. 모든 생명의 탄생에는 시간의 흐름과 사건의 경과가 존재하듯, 대추 한 알이 붉어지고 둥글어지는 것도 태풍과 천둥과 벼락, 무서리와 땡볕이 인고의 인과로 얽혀 결실을 이룬다고 이야기한다. 길에 툭 하고 내던져진 대추 한 알에서 우주의 탄생과 삶의 섭리를 발견해낸 것이다.

시에서처럼 결국 이 세상의 모든 것은 서로 연결되어 있다고도 할 수 있다. 인간과 사물, 자연 모두가 작든 크든 인과의 끈으로 이어져 있는 것이다.

모든 상황과 사태의 변화에는 원인과 그에 따른 결말이 있다. 이를 '인과'라고도 한다. 스티브 잡스가 "모든 것은 하나의 점들로 연결되어 있다."라고 한 것과 같은 맥락이다.

관찰은 '특별한 목적과 임무를 가지고 조직적으로 의도적으로 대상을 파악'하는 과정이다. 새로운 생각의 발견이 가능하려면 이런 관찰의 과정이 결정적이다. 익은 대추에서 천둥이란 원인을 발견하지 못했다면 상상력이 작동되기 어렵다. 그렇듯 시작부터 근원을 어떻게 바라보고 파악하느냐에 따라 결과는 달라질 수밖에 없다. 새로운 생각의 운명은 관찰력에 달려 있다.

세속적인 것의
진면목을 보는 법

관찰이란 무엇인가를 들여다보는 눈이다. '보다'라는 뜻을 가진 영어 단어로는 See, Look, Glance, Stare, Observe 등 여러 가지가 있지만 조금씩 차이가 있다. 생각을 도출하는 데 있어 '관찰'이라는 의미와 가장 가까운 단어는 'Observation'이다. 이것은 피사체를 단순하게 바라보는 카메라 같은 시선이 아니다. 평범한 피사체에서 특별한 무언가를 발견하려 하는 현미경 같은 시선이다. 다시 말해 Observation는 See+Awakened, 깨어 있는 상태로 본다는 것이다.

몇 년 전 〈워싱턴포스트〉 커버스토리로 웃지 못할 이야기가 소개된 적이 있다. 아침 7시 30분, 청바지 차림에 야구 모자를 눌러쓴 한 젊은이가 워싱턴의 랑랑플라자 지하철역에서 바이올린을 꺼내 연주하기 시작했다. 그는 슈베르트의 아베마리아부터 마네

• 매일 다니는 지하철역에서 조슈아 벨이 연주하고 있다면 당신은 그의 세계적인 실력을 알아차릴 수 있을까? 작은 것에도 무심하지 않는 감각이 관찰력을 좌우한다.

스 타이스의 명상곡, 바흐의 가보트 등 예사 실력으로는 연주하기 힘든 고난이도의 명곡을 45분간이나 쉬지 않고 연주했다. 그 사이 천여 명의 사람이 그의 앞을 무심히 지나쳤고 잠시라도 서서 연주를 주의 깊게 듣는 사람은 거의 없었다. 더욱이 연주하는 이 젊은 남자가 누구인지 아무도 알아보지 못했다.

사람들의 무관심 속에서 연주를 했던 그는 바로 세계 최고 수준의 바이올리니스트 조슈아 벨Joshua Bell이었다. 게다가 그가 연주한 바이올린은 모든 바이올린 장인 중에서도 가장 위대하고 가장 많은 바이올린을 만든 안토니오 스트라디바리Antonio Stradivari

가 1713년에 직접 제작한 것으로 한화로 약 4억 원에 달하는 가치를 가진 악기였다. 조슈아 벨의 연주회가 열렸다면 티켓 한 장에 몇 십만 원은 기본이고 몇 달 전부터 매진이 되고도 남았을 것이다. 세계적인 음악가의 연주를 가까이에서 생생하게 들을 수 있는 절호의 기회였음에도 아무도 그의 연주를 알아보지 못했다는 사실이 자못 씁쓸하다.

시이불견視而不見, 진정으로 깨어 있지 못하면 보고 있어도 보지 못한다는 말을 이럴 때 쓸 것이다. 진정으로 깬 상태에서 무엇인가를 바라보는 일은 세속적인 것의 진면목을 발견하도록 우리를 돕는다. 또한 사물에 깃들어 있는 놀랍고도 의미심장한 아름다움을 감지할 수 있게 한다.

흔히 '통찰'하라고 말한다. 통찰에서 중요한 능력은 세속적인 것 안에 담긴 장엄함과 아취를 보는 시력이다. 이런 능력이 있는 사람은 심오한 철학이나 학문이 없어도 자신이 갖는 관찰의 힘을 발견할 수 있다. 본래 관찰이라는 것이 과학적 현상과 이론을 발견하게 해주기 때문이다. 목욕탕에 몸을 담갔을 때 넘치는 물을 보고 물질의 부피를 발견한 수학자 아르키메데스Archimedes가 그랬고 대장장이의 망치질 소리를 주의 깊게 듣고 물체의 길이에 따른 음의 높낮이를 발견한 피타고라스Pythagoras가 그랬다. 하늘은 왜 파란색인지, 그동안 아무도 갖지 않던 의문을 제기한 끝에 대기 중의 먼지나 다른 입자들과 부딪쳐 산란하는 햇빛에 의해 하늘의 색이 결정된다는 것을 밝혀낸 18세기 물리학자 존 틴달 John Tyndall 또한 그런 경우였다.

'세속적인 것의 장엄함'을 발견하는 것은 과학자에게만 국한되지 않는다. 현대 예술의 많은 영역 속에서 '일상적인 현상에서 가치를 재발견하는 것'은 중요한 화두 중 하나다.

어느 한 대학에서 시인 김용택의 시골 사는 이야기를 들을 기회가 있었다. 김용택 시인은 시인의 눈이 예리하다는 것은 결국 관찰력이 뛰어나다는 뜻이라고 말했다.

"수십 년째 시골에 살고 있지만, 농민들의 관찰력에 감탄할 때가 많아요. 제가 어딘가에 '찔레꽃에 벌들이 모여들었다'라는 글을 썼는데, 어느 날 한 마을분이 와서 그러시더군요. 찔레꽃은 향기가 진하긴 하지만 진드기가 많아서 벌이 날아들지 않는다고. 참 무안했어요. 가을 추수를 마친 나락 한가운데 골을 내는 이유가 뭔지 아세요? 저도 몰랐는데 그분이 그러시더군요. 햇볕을 받는 것도 중요하지만 사이사이에 바람을 잘 들게 해야 볍씨가 잘 영근다고. 그렇게 또 한 수 배웠지요. 결국 자연에 묻혀 사는 저도 '자연이 말해주는 것을 유심히 관찰한 뒤 다만 받아쓸 뿐'이랍니다."

겉으로는 사소한 일상의 한 부분처럼 보일지라도, 그 안에는 좋은 눈을 가진 누군가로 특별함이 발견되어 아름답게 표현될 수 있는 의미가 있음을 잊지 말아야 할 것이다.

'단순하게 바라보기'와 '깊게 관찰하기'의 차이가 무엇인지 보여
주는 예술가들이 있다. 그중 추상환상주의 화가 조지아 오키프
Georgia O'Keeffe가 대표적이다. 그녀는 고등학교 2학년 때, 미술
선생님이 천남성(숲 속에 나는 여러해살이풀)을 들고 교실에 들어섰
을 때 '제대로 보게' 되기 시작했다고 말했다. 그 순간을 오키프는
이렇게 회상한다. "선생님은 꽃을 덮고 있는 자줏빛 포를 들추고
그 안의 천남성 꽃을 보여주었다. 그 전에도 천남성을 많이 보긴
했지만, 그렇게나 집중해서 들여다보기는 처음이었다. 선생님은
들고 온 천남성의 이상한 모양과 색깔들의 미묘한 차이를 지적했
다. 진하고 수수한 흑보랏빛이 온통 녹색인 주위를 뚫고 나와 있
는데, 녹색이라는 것도 연백색이 감도는 꽃 부분의 녹색에서부
터 잎사귀의 짙은 녹색에 이르기까지 다양한 농담을 보이고 있었
다. 그날 이후부터 어떤 사물이든지 매우 주의 깊고 세밀하게 보
는 습관 같은 게 생겼다. 그것은 어떤 유기체의 외형과 색채에 마
음 깊이 주목하게 된 계기였다."
관찰력은 결국 미묘한 틈, 차이를 발견하는 기술이다. 이는 눈
썰미나 직관력만을 의미하는 것이 아니다. 현미경으로 보듯 대상
을 낱낱이 분석하고, 망원경으로 보듯 현상을 총체적으로 파악하
고 시간과 정성을 들여 사물과 사태가 변화하는 흐름까지 꿰뚫어

• 오키프는 고등학교 2학년 때 미술선생님이 들고 온 천남성을 본 순간 '보기'와 '관찰'의 차이를 인식하기 시작했다. 그녀의 관찰력은 커피잔을 모피 털로 덮는 등 기상천외한 발상을 표현하는 놀라운 작품 세계로 연출해냈다.

보는 고도의 정신세계이다.

　'에어 엄브렐러'는 덮개가 없는 우산이다. 밑에서 빨아들인 공기를 위에서 강력하게 분사하고, 공기 흐름으로 돔 형태의 막을 생성해 빗방울을 막아주는 시스템이다. 이것을 발명한 국내 디자이너 박제성과 권우정은 획기적인 아이디어로 인터넷상에서 큰 유명세를 탔다. 두 디자이너는 비 오는 날 우산을 쓰고 다니는 사람들의 여러 가지 불편한 모습을 관찰했을 것이다. 우산 덮개 안으로 빗물이 들어가 축축해진 우산을 찝찝하게 쓰고 다니는 사람

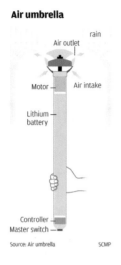

Air umbrella

rain

Air outlet

Motor — | Air intake

Lithium —
battery

Controller —
Master switch —

Source: Air umbrella   SCMP

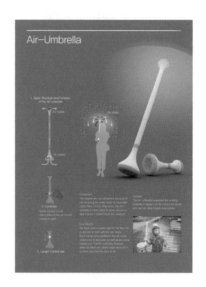

● 에어 엄브렐라는 일상의 관찰력으로 탄생했다. 비 오는 날 사람들의 불편을 세심하게 살펴 개선점을 반영해 우산 덮개 없는, 모순적이지만 기발한 발명품을 만든 것이다.

들, 이미 빗물에 젖은 우산을 접어서 가방 안에 넣지 못하고 어정
쩡하게 들고 다니는 사람들, 비바람에 우산이 뒤집혀 온몸이 흠
뻑 젖은 사람들 등 비 오는 날의 장면들을 예사롭지 않게 살폈다
는 것을 잘 알 수 있다. '덮개 없는 우산'이라는 모순적이면서도
기발한 제품을 완성시켰기 때문이다. 모든 사람이 스쳐가듯 보고
마는 현상과 사물을 깊이 관찰하고, 이를 통해 '세속적인 것의 장
엄함'을 발견하는 통찰에 이르게 된 것이다.

창백한
푸른 점 하나

삶을 변화시키는 아이디어는 종종 사물과 현상을 눈여겨보는 관찰력에서 나온다. 관찰이란 평범한 것에서 특별한 것을 찾아내는 과정이다. 또한 어떤 대상으로부터 가치 있는 것을 떠올리는 습관이기도 하다. 관찰은 그냥 보는 것이 아니다. '어떻게', '왜'라는 질문을 머금고 바라보는 것이다. 말 그대로 '눈여겨보는 것'이다.

사물과 현상의 움직임과 변화를 그냥 흘려버리지 않고 세심하게 분석하는 습관은 중요하다. 이 습관에 근육이 붙으면 일종의 '생각 자동 조정 장치'가 생긴다. 아주 가끔 술자리에서 혹은 잠이 쏟아지는 찰나에 반짝, 하고 아이디어가 떠오를 때가 있다. 평소에 관심을 기울이던 문제와 그동안 축적된 지식의 경험이 자연스럽게 뒤섞여 얼결에 새로운 의미를 파생시키는 것이다. 전략적 관찰의 힘이 작동한 결과다. 관찰이 습관으로 되면 이런 놀라운 성취감을 점점 더 느낄 수 있을 것이다.

관찰은 행동들의 결합체다. 따라서 새로운 무언가를 발견하려면 각 행동의 원인과 배경을 먼저 파악해야 한다. 그 배경에서 출발한 관찰은 곳곳에 일어나는 현상을 인지하게 도와준다. 관찰을 통해 관찰은 행동들의 결합체다.
따라서 새로운 무언가를 발견하려면
각 행동의 원인과 배경을
먼저 파악해야 한다.
그 배경에서 출발한 관찰은
곳곳에 일어나는 현상을
인지하게 도와준다.
관찰을 통해 발견한 아이디어는
자신이 인지한 현상
하나하나의 총합이다.

발견한 아이디어는 자신이 인지한 현상 하나하나의 총합이다.

  넓게 볼 줄 아는 눈은 생각을 확장시켜준다. 세상의 수많은 직업군 가운데 가장 크고 넓은 '업무 대상'을 가진 이들을 꼽는다면 그건 아마 우주를 보는 천문학자들일 것이다. 그런데 정작 천문학자들은 우주의 많고 많은 별 가운데 단 하나의 별만을 선택해 관찰한다고 한다.

  "돈을 벌거나 존경을 받기 위해 천문학자가 된다는 건 정말 바보 같은 짓이다. 대부분의 천문학자들은 얼어 죽을 것 같은 추위 속에서 혼자 일하고 있다. 게다가 별 하나를 골라 그것만 열심히 바라본다. 몇 개도 아니고 단 하나를. 도대체 무슨 영문인지 나도 잘 모르겠다. 우리는 이 도박판에 너무 많은 것을 걸고 있는 것 같다."

  미국 천문학자 마르텐 슈미트Maarten Schmidt의 말이다. 하지만 그들이 천체 망원경으로 담은 별 한 점이, 정말로 단순한 점일까?

  탐사선 보이저 2호는 태양계를 벗어나기 직전에 자신의 고향을 사진으로 남겼다. 희미한 빛을 내는 작은 점에 불과한 지구를 찍은 것이다. 미국 천문학자 칼 세이건Carl Sagan은 자신의 명저 《코스모스》에서 이 사진에 찍힌 지구를 '창백한 푸른 점'이라 명명하고는 이렇게 말한다.

"여기 있다. 저것이 우리의 고향이다. 저것이 우리다. 우리가 사랑하는 모든 이들, 우리가 알고 있는 모든 사람들, 당신이 들어보았을 모든 사람들, 존재했던 모든 사람들이 그곳에서 삶을 영위했다. 우리의 기쁨과 고통의 총합, 확신에 찬 수많은 종교, 이데올로기들, 경제적 독트린들, 모든 사냥꾼과 약탈자, 모든 영웅과 비겁자, 문명의 창조자와 파괴자, 왕과 농부, 발명가와 탐험가, 모든 도덕의 교사들, 모든 타락한 정치인들, 모든 슈퍼스타, 모든 최고의 지도자들, 인간 역사 속의 모든 성인과 죄인들이 저기 태양 빛 속에 떠도는 먼지티끌 위에서 살았던 것이다."

작은 점은 단순히 작은 점이 아니었다. 모든 것을 감싸 안고 있는, 시작이자 끝이고 알파이자 오메가인 존재였다.

칼 세이건은 '창백한 푸른 점' 사진을 통해 우리는 인간이란 존재와 인류의 역사가 얼마나 작은 것인지를 깨달았다. 인간의 사소한 욕망, 확신, 분노 따위가 얼마나 덧없는 것인지를 절실히 배웠다. 이것이 한 장의 사진을 앞에 둔 칼 세이건이 가진 관찰의 힘이다. 이처럼 위대한 통찰은 세속적인 것의 장엄함을, 모든 사물에 깃들어 있는 놀랍고도 아름다운 의미를 감지하는 능력에서 출발한다.

사실 속에
숨은 진실

관찰이 그토록 중요한 이유는 심리학적인 측면에서도 '관찰'해 볼 수 있다. 사회심리학자들은 사람이 타고난 '인지적 구두쇠'라고 한다. 최소한의 정보로 빠른 시간 내에 효율적으로 판단한다는 심리학 용어다.

여기 종이컵이 있다고 해보자. 종이컵은 무슨 모양일까. '동그라미' 혹은 '원형'이라고 답하는 사람이 많을 것이다. 그러나 엄밀히 말해 종이컵은 동심원형이고 측면은 사다리꼴이다. 그걸 동그라미나 원형이라고 단순화한다. 이렇듯 인간은 인지적 구두쇠다. 합리적 사고의 과정을 거쳐 확증된 진실을 알려고 하기보다 빠르고 간편하게 효율적으로 편하게 넘어가길 바라는 것이다.

인지적 구두쇠이자 효율적인 존재로서 인간의 장단점은 무엇일까? 장점이라면 말처럼 효율적으로 살 수 있다는 점이다. 자동차들이 텅 빈 파란색 점선 차선으로 진입하지 않는 것을 보고는 버스 전용 차로임을 바로 인식하고, 명품 브랜드의 로고가 박힌 물건을 많이 가진 사람을 보고는 부자거나 허영이 심한 사람일 것이라고 빠르게 짐작하는 식이다. 단점이라면 이런 효율적 사고

관찰은 이성적인 동시에
감성적으로 인지하고
감지하는 것으로,
시각이라는 한계에
묶이지 않는 뇌의 행위다.

가 문제로 되는 경우다. 최소한의 정보로 최대한 빨리 판단을 내리고 의사결정을 하는 데서 오는 오류, 즉 선입견과 편견이다.

에릭 시걸Erich Segal의 소설 《닥터스》에 이런 오류를 잘 보여주는 대목이 있다. 체격이 건장하고 잘생긴 흑인 외과의사가 친구와 함께 길을 가다가, 기도가 막혀 생명이 위급한 백인 노파를 발견한다. 주위 사람들은 안타까워 발을 동동 구를 뿐 어찌할 바를 모르고 있다. 잠시 망설이던 흑인 외과의사는 근처에 있는 레스토랑에서 나이프를 갖고 나와 백인 노파의 기도를 찌르며 숨통을 틔우는 데 성공한다. 그는 죽음 직전에 노파를 살려내는 중요한 일을 했지만 난데없이 경찰에게 폭행을 당하고 만다. 그로 인해 오른손을 못 쓰게 되고, 결국 외과의사로서의 생명을 다하게 된다. 그 경찰이 본 것은 죽어가는 사람을 응급 처치하는 외과의사가 아니라 백인의 목을 찌르는 흑인이었기 때문이다. 경찰은 상황을 효율적으로 판단했지만 잘못된 의사결정을 내린 셈이다.

겉모습만을 보는 사람이 있는가 하면 그 핵심을 단번에 파악해내는 사람이 있다. 그 차이가 관찰력이다. 관찰력은 단숨에 길러지지 않는다. 관찰력은 평소 쌓아온 지식과 훈련에 따라 결정된다.

관찰은 특수한 형식의 지각이다. 관찰은 목적성을 두고, 이성적인 동시에 감성적으로 한 대상을 지각하고 현실을 감지하는 활동이다.

관찰은 시각이라는 한계에 묶이지 않는 행위다. 반대로 생각과 언어가 이루는 총체적 합이자 통일된 지력 활동이다. 그래서 관찰에 몰두하다 보면 늦게나마 축적된 생각이 서로 결합하는 경우가 있다. 관찰을 '사고의 지각'이라 부르는 이유는 그 때문이다. 경험과 생각들이 한 겹씩 퇴적되고 퇴적된 경험과 생각들을 한 방울씩 정제시켜 바라보는, 그것이 관찰이다.

다양한 경험과 생각을 한 후 사물들을 다양하게 총체적으로 파악하는 눈을 얻는 일, 이것과 심리학적으로 유사한 용어가 있다. 바로 '연상'이다. 연상은 한 가지 사물로부터 다른 사물을 생각해내는 심리 과정이다. 창의와 창조에 필수 조건인 연상은 몇 가지 사물 혹은 개념 간에 형성된 잠깐 동안의 연계라고 할 수 있다.

연상을 통한 관찰을 위해 끊임없이 유추하고 끊임없이 반문하며 끊임없이 연결시켜야 한다. 관찰력 있는 눈은 아이디어 창출뿐 아니라 내면을 깊이 있게 만들어주기도 한다.

소설가 김훈의 산문집 《자전거 여행》에는 저자가 냉이 된장국을 먹으며 이렇게 표현하는 장면이 나온다.

"된장과 인간은 치정관계에 있다. 냉이 된장국을 먹을 때, 된장 국물과 냉이 건더기와 인간은 삼각 치정 관계다. 이 삼각은 어느 한 쪽이 다른 두 쪽을 끌어안는 구도의 치정이다. 그러므로 이 치정은 평화롭다. 냄비 속에서 끓여지는 동안, 냉이는 된장의 흡인력의 자장 안으로 끌려들어가면서 또 거기에 저항했던 모양이다. (……) 달래는 시련의 엑기스만을 모아서 독하고 뾰족한 창끝을 만들어낸다. 달래는 기름진 땅에서는 살지 않는다. 달래의 구근은 커질 수가 없다. 달래는 그 작고 흰 구슬 안에 한 생애의 고난과 또 거기에 맞서던 힘을 영롱한 사리처럼 간직하는데, 그 맛은 너무 독해서 많이 먹을 수가 없다. 달래는 인간에게 정신 차리라고 말하는 것 같다."

김훈은 흔한 된장국과 달래무침을 먹으며 인생을 느끼고 인간을 느꼈으리라. 뱃속의 허기를 채우기 위한 음식이 인생을 풍요롭게 만들 수 있음을 느낀 것이다.

이처럼 관찰은 아이디어의 원천이 되지만 삶의 가치를 더욱 잘 깨닫게 해주기도 한다.

보이는 것 너머를
볼 줄 아는 눈

세계적으로 '가장 영향력 있는 100인' 중 하나인 말콤 글래드웰 Malcolm Gladwell은 자신의 베스트셀러 중 하나인 《블링크》에서 재미있는 이야기를 들려주면서 관찰의 힘을 역설적으로 설명한다. 1983년 장 프랑코 베니치라는 미술상이 기원전 6세기에 만들어진 것으로 알려진 석상 '쿠로스 상'을 미국 캘리포니아 폴게티

박물관에 판매하려던 일이 있었다. 폴게티박물관 측은 전자 현미경과 마이크로 분석기, 질량 분석계 등 첨단 기계와 지질학자, 변호사 등 수많은 전문가를 동원해 14개월에 걸쳐 분석한 끝에 이것이 진품이라는 결론을 내렸다. 그러나 당시 박물관 운영 위원이었던 에블린 해리슨은 조각상을 본 순간 미심쩍은 생각이 들어 이의를 제기했고, 재검증을 걸친 결과 이 조각상은 1980년대 로마의 모조품 제작소에서 만들어진 가짜로 밝혀졌던 예화로 직관의 순기능을 말한다.

순간에 이뤄지는 직관적인 판단은 신뢰하기 어려운 경우가 많지만, 글래드웰은 꼭 그런 것만은 아니라고 주장한다. 과학적인 데이터 분석보다 어떤 대상이나 현상을 마주했을 때 생기는 '처음 2초의 힘'인 직관이 인간의 삶에 더 유용하고 중요하다는 것을 책에서 집중적으로 설파한다.

그는 직관의 힘을 주장하면서, 순간적인 직관은 그냥 가질 수 있는 것이 아니라 오랜 경험을 통한 고뇌와 노력이 있어야 가능하다고, 이를 전제로 해야지만 눈 깜빡하는 순간의 명쾌한 판단력은 오랜 분석보다 가치가 있을 수 있다고 강조한다.

직관은 주위에서 무슨 일이 일어나고 있는지, 내가 무엇을 하고 있는지 끊임없이 주의를 기울이며 관찰해야 얻을 수 있는 능력이다. 스티브 잡스도 평소에 직관이라는 단어를 자주 사용하기

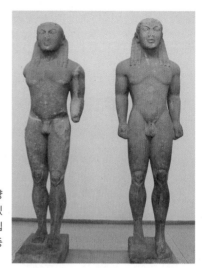

• 쿠로스 상. 왼발을 앞으로 내디디고 양 팔을 몸통 옆에 붙여 경직된 자세로 서 있 는 모습이 특징이다. 후에 이 표현이 이집 트 조각에 큰 영향을 미쳐 미술 역사상 중 요한 유산으로 평가된다.

로 유명한데, 그가 직관으로 시대를 움직일 수 있었던 것은 바로 세계의 흐름과 자신의 행보를 계속 주의 깊게 살폈기 때문에 가 능한 일이었을 것이다.

직관은 선천적이고 천재적인 영감일까, 아니면 후천적이고 잘 조절된 순간적 통찰일까? 아리스토텔레스의 철학에 따르면, 인 식은 생명 현상으로써 생명의 종류에 따라 직관의 종류가 구별되 는데 사람에게는 지적 능력의 정점에서 이뤄지는 지적 직관(이것 을 nous라고 부른다)이 있다고 한다. 그런 의미로써 직관은 후천적 이라고 볼 수 있다.

실제로 아이디어의 천재성과 파격을 지향하는 광고업계에서도 좋은 성과를 만든 것들의 대부분은 잘 조절된 순간적 통찰이 뒷받침된 사례가 대부분이다. 어디 광고업계뿐이겠는가. 우리가 있는 모든 곳에서 두각을 드러내는 성과에는 순간의 통찰인 직관이 작용한 것일 테다.

관찰력은 경쟁에서
살아남게 하는 방패다

한국은 외국 대형 할인 마트의 무덤이다. 월마트, 까르푸는 이마트와 롯데마트에 밀려 그 자취를 감춘 지 오래다. 유일하게 성공을 거둔 사례는 코스트코뿐이다. 그 성공 요인 역시 관찰이었다. 다양한 소비 패턴을 가리키는 것으로 '트레이딩 업&다운'이라는 말이 있다. 트레이딩 업이란 소비자들이 기능과 감성 모두를 추구함에 따라, 감성적인 만족을 위해 비싼 제품이라도 높은 가격을 지불하는 소비 패턴을 의미하고 트레이딩 다운이란 조금 더 싸고 많은 양의 제품을 선호하는 소비 패턴을 의미한다. 시장의 75%를 차지하는 중산층은 트레이딩 업&다운의 소비 패턴을 보이는데, 바로 코스트코가 중산층의 이런 소비 패턴을 꿰뚫어 본 것이다. 그 결과 그들은 독자적인 블루오션을 찾아내기에 이른다. 매장에 최상의 보르도 와인과 함께 저렴한 생필품과 식재료 등을 나란히 비치함으로써 코스트코만의 시장을 만들었다. 중산층을 잘 관찰하여 그들의 기능적, 감성적 필요와 욕구를 모두 만족시킨 좋은 사례다.

"오늘밤 모든 미국 여성들이 청바지를 부드럽게 미끄러지듯 입을 수 있다." 미국의 청바지 브랜드 랭글러의 광고 카피다. 이게 무슨 의미일까?

대부분 여성은 자신이 뚱뚱하거나 적어도 날씬하지 않다고 여긴다. 그러면서도 옷을 살 때는 자신의 몸에 꼭 맞는 사이즈를 구입한다. 실제로 확인사살을 하기 두려운 마음에서다. 그런 이유로 자신의 사이즈에 딱 맞는 청바지를 사서는 다리를 밀어 넣고 버둥대며 애쓰는 모습은 어떻게 보면 그녀들의 숙명과도 같다. 그런데 한 사이즈 크지 않아도 미끄러지듯 청바지 안에 다리를 넣을 수 있다니. 이것은 여성들의 불편과 고난이 이 청바지로 해결해줄 수 있다는 의미다. 바로 이 카피는 그런 여성의 심리적 현상을 제대로 이해하고 적절하게 표현해냄으로써 설득력을 갖게 된 것이다.

미국 사우스캐롤라이나의 클램슨대학 연구진은 다이어트 스트레스가 심한 사람들을 주시하며 관찰한 끝에 '바이트 카운터', 일명 음식 만보기를 개발했다. 마치 전자시계처럼 생긴 이 장치를

• 바이트 카운터는 인류의 끝없는 고민인 다이어트를 면밀하게 관찰하고 실용적인 아이디어로 도출해내 일상에서 편리하게 활용할 수 있도록 계발했다는 점에서 훌륭한 사례라고 볼 수 있다.

손목에 차고 다니다가 음식을 먹기 전에 버튼을 누르면, 음식을 뜨거나 집어서 먹는 손의 움직임을 감지해 그 숫자를 표시하는 원리다. 음식을 먹은 횟수를 객관적으로 보여줌으로써 스스로 통제하게 만드는데, 특히 데이터가 기록되어 식습관 개선과 식사량 조절에도 도움이 된다. 대중의 고민을 세심하게 관찰한 것이 유용한 아이디어의 발원지가 된다는 것을 보여주는 멋진 사례다.

일상에서 만나는 대부분의 디자인은 모두 어른의 기준에 맞춰 개발된 것이 사실이다. 세면대도 마찬가지다. 그러니 키가 작은 아이들은 높은 세면대 앞에 서기도 힘들고 직접 수도꼭지를 돌리는 것도 힘들다. 아이들의 이런 불편함을 관찰하여 나온 아이디어 상품이 바로 '아쿠아 덕'이다. 수도꼭지에 오리 주둥이를 달아 아이들의 손이 닿는 곳까지 세면대의 물을 흘려보내 쉽게 씻을 수 있도록 해준다. 지극히 간단하고 사소한 아이디어지만 평소 아이들의 일상에 대한 세심하게 관찰하지 못했다면 탄생할 수 없었던 상품이다.

관찰이 통찰력으로 이어진 아이디어의 마지막 사례는 스웨덴의 디자인 그룹인 스튜디오 프롬 어스 위드 러브에서 개발한 캔들 홀더다. 컵 모양의 홀더 안에 든 티라이트나 깊숙하게 들어간 심지에 불을 붙이다가 손을 데어본 사람들이라면 무릎을 칠 만한 아이디어가 아닐 수 없다. 이 캔들 홀더는 성냥에 불을 켜서 홈 사이에 집어넣고 심지에 붙이면 된다. 너무나도 단순한 아이디어지만 지금까지는 없었던 상품이라는 점이 중요하다. 간단하지만 관찰에 의해 가능했던 아이디어를 통해, 사람들은 캔들을 기울이거나 성냥불에 손을 데일 위험 없이 안전하면서도 편리하게 촛불을 켤 수 있도록 됐다.

현상을 제대로 분석하고 이해하는 것은 올바른 관찰력의 결과다. 관찰은 통찰력으로 이어지고 통찰은 날카로운 분석으로 이어지며 분석은 설득력을 가진 아이디어로 이어진다. 그렇기에 통찰력은 온갖 경쟁자들로 둘러싸인 레드오션 속에서 나의 브랜드를 보호하는 방패와도 같다.

관찰이 아이디어로 이어지면 새로운 상품이 탄생한다. 그 원리는 경쟁 구도에서 우위에 설 수 있는 바탕이 되기도 한다. 주변에

• 일상의 불편함을 지속적으로 관찰해 얻는 아이디어는 우리 삶을 편리하게 할 뿐 아니라, 안전하게도 한다. 스튜디오 프롬 어스 위드 러브의 캔들 홀더가 바로 이 점을 잘 보여준 사례이다.

관심이 별로 없는 사람들이 아이디어가 나오지 않는다고 심각하게 한탄하는 경우가 있다. 사실 이런 탄식은 아무 의미 없다. 관찰이 없이는 어떤 아이디어도 만들어질 수 없기 때문이다.

하나의 관찰로 아이디어가 탄생했다 해서 끝이 아니다. 또 다른 아이디어가 자신을 발견할 주인을 기다리고 있다. 인생에 정답이 없듯 완벽한 아이디어 또한 없으니 말이다.

아이디어는 영원히 고갈되지 않는다. 기회와 가능성은 어느 곳에나 숨어 있다. 그러나 눈을 뜨고 고개를 돌려 관찰하지 않는다면 기회도 가능성도 없다. 살면서 딱 세 번의 기회가 찾아온다고 믿고 기다리는 사람에겐 딱 세 번의 기회가 찾아오지만, 주변을 관찰하며 기회를 찾아나서는 사람에게는 하루에도 몇 번씩 기회가 찾아온다.

나부터
관찰하라

관찰에서 얻은 통찰력을 자기만의 방식대로 표현하는 것이 창의성이다. 결국 창의성이란 관찰의 유의미한 결과를 외부로 현실화시키기 위해 뭔가를 변환하는 과정이다. 칙센트미하이 역시 "창의성이란 문화 속에서 어떤 상징 영역을 변화시키는 과정"이라고 정의했듯이 말이다.

관찰이 타고난 재능이 아니듯, 관찰의 결과를 표현하는 창의성역시 천부적으로 주어지는 재능은 아니다. 무에서 유를 만들어내는 창조적인 제조술 또한 아니다. 창의성은 끊임없이 외면과 내면을 오가는 관찰 속에서 얻은 것을 지속적으로 표현하고 길러나가는 '기술'이다. 그리고 평범한 사람과 비범한 사람의 차이는 이창의성의 유무에 의해 발생한다. 창의성이라는 '기술'로 자신의

창의성은 끊임없이
외면과 내면을 오가는
관찰 속에서 얻은 것을
지속적으로 표현하고
길러나가는 '기술'이다.

내면을 관찰하고 자신을 재발견하는 순간, 평범한 사람이 비범한 인재로 탈바꿈하는 것이다.

"참된 나라는 게 없으면 사람은 살아갈 수 없어. 그것은 땅과 같지. 땅이 없다면 그곳에 무엇인가를 지을 수도 없잖아."

무라카미 하루키의 소설 《태엽 감는 새》에 나온 표현이다. '참된 나'라는 것은, 달리 표현하면 재발견한 자신이다. 숨어 있던 재주를 찾아낸 자신이다. 땅이 어떤 형태인지를 알아야 그에 맞는 재료를 구하고 어울리는 집을 지을 수 있는 것이다.

레오나르도 다빈치Leonardo da Vinchi는 사물의 내면을 보는 능력을 토대로 세기의 예술가가 되었다. 자신의 고유한 관찰의 힘을 독창적인 예술로 표현한 것이다. 우리 역시 내면을 보는 능력을 길러 스스로의 삶을 표현해야 한다. 사물을 관찰하는 능력이 예술로 태어나듯, 내면을 관찰하는 능력은 타고난 재주를 발견하도록 도와준다. 내면을 보는 능력 역시 관찰의 힘이다. 내면을 보는 능력은 또한 자신의 위치를 확인하고 반성할 계기를 우리에게 제공한다.

디지로그의 시대, 이제 세상이 만들어주는 '르네상스'는 없다. 자신만의 르네상스를 찾아나서야 할 시기다. 내면의 관찰을 통해 자신을 재발견하는 일이 그것이다. 내면의 도약은 자신의 위치를 확인하는 바로 그곳에서 시작된다. 이는 냉정하게 자신을 바라보는 일이며 내면에 숨어 있는 태초의 재능을 발견하는 일이다.

많이 봐야
새로운 것도 보인다

관찰은 많이 하면 할수록 좋다. 한 선수가 골대 앞에서 슛을 10번 했을 때와 100번 했을 때, 골이 언제 더 많이 나올까?

관찰 역시 같은 이치다. 영국의 한 유명 광고인은 20년 넘게 회사에서 집을 오가는 동안, 단 한 번도 같은 길로 다닌 적이 없다고 한다. 물론 과장일지도 모른다. 그러나 우리처럼 매일 동일한 경로로만 출퇴근 하는 것은 문제가 있다. 같은 일에 익숙해진다는 것은 힘 있는 생각을 하는 데 있어 분명한 마이너스다. 같은 풍경, 같은 버스, 같은 정류장, 같은 승객 등등 늘 비슷하거나 같은 정보만 머릿속에 입력이 되는 상황 말이다.

사람과 컴퓨터가 같은 점이 있다면, 어떤 정보를 입력해야 산출을 할 수 있는 사실이다. 반면 사람과 컴퓨터가 다른 점이 있다면, 사람은 머릿속 입력과 새로운 산출 사이에 정보들을 연결할 수 있다는 사실이다. 바로 그것이 크리에이티브다. 새로운 입력이 없으면 새로운 연결도 새로운 아이디어의 산출도 없다.

　광고업계에서 인연을 맺은 한 선배는 퇴근 후나 주말에 절대 광고인들을 만나지 않았다. 대신에 금융, 스포츠, 예술, 공기업 등 전혀 다른 업종에 종사하는 사람들과 교류했다. 같은 업계 사람들을 만나봐야 늘 같은 이야기만 할 뿐이지만 다른 업종의 여러 사람을 만나면 그들과 나눈 이야기 하나하나가 새로운 자극이 되어, 아이디어 단초가 될 수 있는 장점이기 때문이라고 했다. 일리 있는 생각이다. 다다익선, 많은 것을 관찰하고 새로운 것들을 산출하는 일은 훌륭한 아이디어로 이어지는 첫 단추다.

같은 것도
남다르게 보라

　남들과 같은 것을 보고 듣고 생각하면 남다른 아이디어, 나만의 생각을 가질 수 없다. 같은 것을 보되 남과 다르게 봐야 한다. 이우환 화백은 뉴욕 구겐하임미술관에서 백남준 작가 이후 첫 회고전을 개최한, 세계적으로 알려진 한국 화가다. 그의 그림 중 가장 널리 알려진 것은 캔버스 가운데 청회색 점 하나가 찍힌 그림으로 이우환은 작품에 대해 이렇게 말했다.

• 점과 선의 대가로 불리는 이우환 화백의 작품에서는 단 하나의 필치만으로도 강한 긴장
감이 드러난다. 늘 있는 것을 예사롭지 않게 만드는 뛰어난 시각과 표현력이 그를 세계적
인 예술가로 이끈 것이다.

"캔버스 딱 한가운데에 점을 찍지 않는다. 오른쪽이나 왼쪽으
로 약간 비켜나 있다. 그럴 때 긴장감과 움직임이 느껴진다. 그러
나 사람의 눈은 중심에서 약간 벗어난 것을 한사코 중앙으로 갖
다 놓으려 애를 쓴다."

이우환의 작품을 보고 관객이 가장 먼저 하는 반응은 "나도 그릴
수 있겠다."라는 말이다. 그러나 누구도 그가 발산하는 기운을 완
벽하게 재현하지 못할 것이다. 무심한 듯 보이는 그의 점은 일필휘
지의 산물이 아니라 치밀하게 계산된 관찰이 집약된 결과이기 때
문이다.

"아까 거리를 걷는데, 은행나무 이파리 하나가 하늘하늘 내려오더니 내 앞에 뚝 떨어졌어요. 아직도 그 은행잎이 그린 포물선이 내 머릿속에서 떠나지 않아요. 드문 일이죠. 예술이란 그런 거예요. 늘 있는 일을 일부러 눈에 띄도록, 스쳐지나갈 수 없도록 만드는 거. 내 그림이 사람들 머릿속에 그 은행잎만큼의 흔적을 남기고 있을까……. 난 자신이 없어요."

그가 한 말처럼 이우환의 점과 선은 일상적이지 않다. 그가 창조해내는 점과 선의 위치와 강약 그리고 그들 사이의 간격이 자아내는 율동감은 한마디로 예사롭지 않아, 사람들이 그냥 스쳐지나갈 수 없는 것이다. 그를 '점과 선의 대가'로 반열에 올려놓은 것은 일반에서 어슷하게 비껴가는 그의 비범한 시각이다.

이 대작가의 예술적 성취는 같은 것을 보아도 남과 다르게 보는 차이에서 시작되었다.

미술 작품 외에 시에서도 남다른 통찰을 느낄 수 있다. 본래 시는 고도의 상징화를 통해 시인의 통찰을 드러내곤 한다. 시를 읽을 때, 우리는 그 함축된 의미를 찾아내야 비로소 숨은 가치를 발견하는 것이다.

윤제림 시인이 쓴 《재춘이 엄마》라는 시는, 제목에서부터 시인의 예사롭지 않은 관찰력과 사색을 보여준다. '재춘'이라는 사람의 이름으로 시작되는 상호를 보고 대부분의 사람이 그냥 아들이름을 썼나 보다, 하고 넘어갈 때 시인은 다른 시각으로 관찰하고 아릿한 모정에 대해 그렸다.

사실 이 시는 SK그룹의 기업 광고에 등장해서 많은 이에게 진한 감동을 주었다. 우리 곁에서 너무 익숙하지만 그래서 너무 따뜻한 이야기인 때문이다. 이 윤제림 시인의 작품은 상상력보다 삶을 마음으로 보는 관찰에서 나왔다고 할 수 있다.

또 한 명의 시인, 송경동의 〈가두의 시〉를 보면 생활 속에서 무심코 지나쳐버릴 법한 것들, 보기 싫어 일부러 지나치곤 하는 것들을 향한 시인의 깊은 애정을 느끼게 된다. 그가 시에서 등장시키는 것들은 길거리 구둣방 주인의 검은 손톱, 종로 5가 미싱사 가족의 저녁상, 영등포역 앞 노숙자들이 급식을 기다리는 줄, 재래시장에서 고등어를 파는 목소리 같이 분명 본 적이 있을 텐데 언제 어디였는지 뚜렷하지 않은, 익숙하면서 낯선 광경들이다. 그 스쳐가는 광경들을 시인은 남과 달리 눈을 떼지 않고 집요하게 쫓고 들여다봤던 것이다. 그리고 그 안에서 검은 시, 눈물의 시, 직립의 시, 절규의 시를 찾아내고야 말았다. 애정 어린 관찰로 삶의 다분한 장소들에서 깊은 의미를 이끌어내는 것이다.

무엇이든 관찰의 대상일 수 있다. 내가 그것을 관찰 대상의 범주로 들이느냐 마느냐에 따라, 모든 것은 관찰의 대상일 수도 있고 아닐 수도 있다. 이를 결정하는 것은 관찰 대상에 대한 애정이다. 길거리를 바라보는 시인의 시선에서 충만한 인정이 느껴진다. 늘 거기 존재하는 평범한 거리의 일상을 관찰의 범주로 끌어들이고 거기서 시를 찾아내기까지, 얼마나 많은 애정을 품고 관찰을 계속했을지 고개가 주억거려진다.

시와 비슷하지만 가요의 노랫말에서도 인간의 감정을 관찰한 흔적들이 있다. 대표적으로 인디밴드인 브로콜리 너마저와 음유 시인이라 불리는 루시드 폴, 그리고 뒤통수를 탁 치는 표현으로 유명한 장기하가 그렇다.

브로콜리 너마저의 〈유자차〉라는 곡에는 "바닥에 남은 차가운 껍질에 뜨거운 눈물을 부어. 그만큼 달콤하지는 않지만 울지 않을 수 있어."라는 구절이 있다. 아마 이 가사를 쓴 사람은 유자차가 담겼던 찻잔에 온기가 사라진 바닥을 관찰하면서 감정을 온도로 표현한 것일지 모른다. 작은 사물 하나도 유심히 관찰하고 거기에 감정을 투여하는 세심함이 배어 있다.

루시드 폴이 직접 작사 작곡한 〈고등어〉는 독특한 감성으로 주위 사물에 대한 속 깊은 관찰과 애정 없이는 나올 수 없는 가사임에 틀림없다.

"몇만 원이 넘는다는 서울의 꽃등심보다 맛도 없고 비린지는 몰라도, 그래도 나는 안다네. 그동안 내가 지켜온 수많은 가족들의 저녁 밥상. 나를 고를 때면 내 눈을 바라봐줘요. 난 눈을 감는

법도 몰라요. 가난한 그대 날 골라줘서 고마워요. 수고했어요, 오늘 이 하루도."

워낙 물가가 비싼 요즘이라 고등어가 가난한 이들에게도 관대한 생선일까 의구심이 들긴 하지만, 고등어의 시점이 되어 수많은 가족의 저녁 밥상을 지켜온 자신의 존재 가치를 발견한다는 가사가 따뜻하고 눈물겹다.

대중성이 빵점이라고 하지만 대중적이란 말이 너무나 잘 어울리는 가수가 바로 장기하와 얼굴들이다. 댄스가수에게나 어울렸던 백댄서를 세우고 스탠드마이크 앞에서 무표정한 얼굴로 율동을 소화하는 그의 데뷔 당시 모습은 한마디로 파격이었다. 지금은 명실상부한 인디밴드계의 스타가 되었는데, 장기하의 노래가 주목을 받으며 놀랍도록 성장한 요인은 신선한 멜로디와 예사롭지 않은 가사에서 찾을 수 있다. 하지만 그 가사를 잘 살펴보면, 사실은 너무나도 친숙하고 익숙한 '말'들로 가득 차 있음을 알게 된다.

그의 1집 수록곡 〈별일 없이 산다〉의 후렴구는 "나는 별일 없이 산다. 뭐 별다른 걱정 없다. 나는 별일 없이 산다. 이렇다 할 고민 없다."라는 가사로 반복된다. 장기하는 동네 아주머니들의 대화에서 이 가사의 아이디어를 얻었다고 한다. "별일 없어?"라는 질문에서 그는 별일이 없으면 안 될 것 같은 압박감을 느꼈고, "별일 없어."라는 대답에 난 천하무적이라며 뻐기는 우월감을 느껐다고 한다. 일상의 평범한 대화를 향한 남다른 관찰력으로 독특한 역학을 찾아낸 것이다.

관찰의 최종적인 목적은 새로움을 포착하고 발견하는 일이다. 더 많은 새로운 것을 포착하고 발견하려면, 남들이 지나치는 일말의 풍경조차 관찰의 범주로 집어넣고 바라보되, 남들과 다르게 바라보면 된다.

그런데 어떻게 하면 다르게 바라볼 수 있을까? 바로 애정의 눈으로 바라보면 된다. 모든 것이 관찰의 대상이 될 수 있으니, 모든 것을 '애정으로 보는 것'이다. 그러면 남들과 다른 것을 볼 수 있다. 애정을 갖고 남들과 다르게 볼 것. 거기서 아이디어는 출발한다. 사람도, 사랑도, 인생도, 세상도, 자세히 보면 모든 것이 달라진다.

알랭 드 보통의
보통 아닌 통찰

번뜩이는 아이디어와 충만한 삶을 위해서는 관찰이 중요하다. 하지만 쉬운 이야기는 아니다. 예컨대 누구나 사랑에 빠지지만, 사랑을 면밀히 관찰한 이는 거의 없는 것처럼 말이다. 하지만 이런 통찰을 세밀하고 유려한 글로 표현해낸 사람이 있는데, 바로 세계적인 작가 알랭 드 보통Alain de Botton이다.

그는 사랑을 속 깊이 관찰하고 통찰한 끝에 '사랑의 순간'에 오는 일련의 현상들을 연결해서 세상에 소개했고 일하는 사람들의 삶을 들여다보며 '먹고사는 풍경'에 대해 이야기했으며 공항에서 지내며 오가는 사람들의 모습을 통해 '떠나는 것과 기다리는 것'을 논했다.

그 사람을 왜 사랑하게 된 것일까? 나는 너의 무엇이 좋은 걸까? 그녀의 무엇이 사라진다면 이 사랑이 깨질 것인가? 이것들은 사랑을 할 때 누구에게나 찾아오는 고민일 것이다. 알랭 드 보통은 《나는 왜 너를 사랑하는가》에서 "매력적이지 않은 사람과 함께 있을 때, 둘 다 입을 다물고 있으면 그것은 상대가 따분한 사람이라는 뜻이다. 그러나 매력적인 사람과 함께 있을 때 둘 다 입을 다물고 있으면 따분한 사람은 나 자신이 되고 만다."라고 함으로써 사랑의 기술과 침묵의 관계를 섬세하게 들여다보고 있다.

누구나 일을 한다. 그로 인해 누구나 보람을 느끼기도 하고, 회의감을 느끼기도 한다. 일을 하며, 또는 일을 하기 위해 우리는 늘 뭔가를 마신다. 낮에는 커피를, 밤에는 술을. 정신을 차리기 위해 커피를 마시고, 그 정신을 놓기 위해 다시 술을 마신다. 자연스러운 이 풍경을 알랭 드 보통은 《일의 기쁨과 슬픔》에서 "이런 식으로 피곤하고 신경이 곤두설 때 유일하게 효과가 있는 해결책은 와인이다. 사무실 문명은 커피와 알코올 덕분에 가능한 가파른 이륙과 착륙이 없으면 존립할 수 없을 것이다."라고 이야기하며 일에 대한 성찰을 활기차게 그렸다. 그가 가진 특유의 관찰력으로 완성된 표현들은 우리가 생각하지 못했던 노동의 섬세함을 일깨워준다.

알랭 드 보통은 영국 히드로 공항에서 일주일 밤낮을 머무르며 관찰하기도 했다. 공항에 간 사람이라면 누구나 비행기의 출발과 도착 시간 등이 적힌 대형 스크린을 보기 마련이다. 그것을 통해 자신의 비행기, 또는 기다리거나 보내는 누군가의 비행기 시간만을 확인한다. 하지만 알랭 드 보통은 이 스크린에서 남과 다른 것을 발견했다. 그는 에세이 《공항에서 일주일을》에서 "의도적으로 직공 같은 느낌을 주는 글자체를 사용한 이 스크린처럼 공항의 매력이 집중된 곳은 없다. 이 스크린은 무한하고 직접적인 가능성의 느낌을 내포하고 있다. 우리가 전혀 모르는 언어를 사용하는 나라, 우리가 누구인지 아무도 모르는 나라로 떠나는 일이 얼마나 쉬운지 보여주기 때문이다."라고 하며 스크린의 활자라는 사소한 것으로 어디론가 향해 떠나는 것과 무한한 자유에 대한 매력적인 면면을 그린 위트 있는 통찰력이 우리를 간접적으로나

알랭 드 보통은
세상을 늘 새롭게 본다.
그러려고 노력한다.
늘 보는 대상을, 마치 전에는
한 번도 본 적이 없는 것처럼 보려 한다.
이것이 무엇일까,
이것이 우리와 어떤 관계를
맺고 있는 것일까,
끊임없이 자문하는 것에서
그의 관찰은 시작한다.

마 깊게 사색할 수 있도록 한다.

　이뿐 아니라 그는 여행을 관찰하고 건축을 관찰하며 감정을 관찰하는 한편 가정생활의 현실을 관찰하기도 한다. 이 모든 것을 누구나 보고 겪지만, 알랭 드 보통은 그로부터 늘 특별한 가치를 발견해낸다. 세상을 어떻게 바라보기에 그렇게 특별할 수 있을까? 아마 이 대답은 《일의 기쁨과 슬픔》의 한 대목으로 대신할 수 있을 것이다.

　"최근에는 콜린 강의 한 지류를 보러 갔다. 다음에는 물을 그려보고 싶기 때문이다. 둑에 자리를 잡고, 그곳에서 오랫동안 다양한 분위기와 빛 속에서 강을 그릴 것이다. '물을 본 적 있어요?' 테일러가 묻는다. '제대로 본적이 있냐는 거죠? 전에 한 번도 본 적이 없는 것처럼.'"

　그는 세상을 늘 새롭게 본다. 그러려고 노력한다. 늘 보는 대상을, 마치 전에는 한 번도 본 적이 없는 것처럼 보려 한다. 이것이 무엇일까, 이것이 우리와 어떤 관계를 맺고 있는 것일까, 끊임없이 자문하는 것에서 그의 관찰은 시작한다.

인문의 숲에서
헤아려라

상대방의 흉중을 먼저 파악하라는 말이 있다. 진단이 바로 되어야 처방이 올바른 법이다. 설득과 선택도 결국 인간 심리에 대한 깊은 이해를 바탕으로 한다. 그렇다면 열 길 물속보다 캄캄한 상대방의 속마음을 어떻게 읽을 수 있을까?

여기저기에서 모은 정보를 수량화하면 제법 믿음직스러운 데이터가 나올 수는 있다. 그러나 좀 더 효과적이고 강력한 투시력을 갖기 위해, 우리는 '인문의 숲'으로 들어가야 한다. 인간의 역사와 인간의 삶 속으로 침투해, 그들이 속한 세계의 전부를 이해하도록 노력해야 한다. 그로써 사태의 본질을 총체적으로 인식하고 숨어 있는 흐름까지 읽어내도록 노력해야 한다.

소설가 김훈이 쓴 《흑산》은 흑산도로 귀양간 정약전의 이야기다. 정약전은 그가 데리고 간 하인을 시켜 처음 보는 물고기들의 모습과 특성을 기록하며 하루하루 보냈다. 그의 마음은 늘 가족이 있는 고향 땅을 그리워하는 마음에 늘 수평선을 바라보며 생각에 잠긴다. 수평선은 말 그대로 하늘과 바다가 맞닿은 곳이다. 그러나 다시 생각해보면, 수평선이란 사실 이 세상에 존재하지 않는 개념이다. 세상에는 존재하지 않으나 너무나 절절하게 마음

속에만 존재하는 것, 그리움의 상징인 셈이다. 귀양살이에 지친 그에게 육지란 고향이며 늘 그리운 곳이었던 것이다.

이 소설 속의 수평선은 그리움의 다른 말이었다. 인문학적인 관점에서 보면 보이지 않는 인간의 마음이 비로소 관찰된다.

밤바다 한복판, 침몰하는 배에서 어부는 마지막을 감지하고 아들에게 이런 유서를 남겼다. "파도가 밤하늘의 별과 달을 가렸다." 어부의 공포가 어땠는지 충분히 공감된다. 사실에 대한 기술이 아니라 마음에 대한 기술인 때문이다. 바로 이것이 인문을 아는 자의 관찰력일 것이다.

인간의 마음은 잘 드러나지 않는다. 그 깊이까지 들여다볼 관찰력을 키우기 위해, 우리는 인문을 놓지 말아야 한다.

인문은 인간과 인간, 인간과 사회를 총체적으로 상대적으로 인식하려는 노력이다. 인문을 통해 간접적이나마 인간 세상의 수많은 경우를 헤아리는 능력을 키워야 한다. 그로써 본질을 놓치지 않는 눈, 새로운 맥락을 연결하는 눈을 가질 수 있다.

세계 최고의 관점은
이노베이션의 총합이다

"우리는 디자인회사지만 인류학적 관점에서 인간을 연구한다."
디자인회사 IDEO의 CEO 팀 브라운Tim Brown이 인터뷰 중에 남긴 말이다. IDEO는 1991년 빌 모그리지Bill Moggridge의 ID Two, 데이비드 켈리David Kelley의 데이비드 켈리 디자인, 마이크 누탈Michael Nuttal의 매트릭스 프로덕트 디자인, 이렇게 세 회사의 합병으로 설립되었다. 엔지니어링 분야에 강점이 있던 데이비드 켈리 디자인과 휴먼 디자인 분야에 장점을 지닌 ID Two, 매트릭스 프로덕트 디자인이 결합하면서 시너지가 되어 고도의 성장을 이뤄냈다.

현재 미국 실리콘밸리 본사와 영국 런던, 중국 상하이사무소 등에 500명이 넘는 직원을 두고 있으며 애플, 마이크로소프트, P&G와 같은 글로벌 기업은 물론 국내의 삼성, LG, SK텔레콤 등이 IDEO에 디자인과 혁신 컨설팅을 요청하고 있다. 특히 애플의 혁신적인 디자인은 IDEO의 컨설팅이 없었으면 불가능했다고 할 수 있을 정도로 큰 영향력을 자랑한다.
사실 IDEO은 최근 몇 년 동안의 단순한 디자인 프로젝트가 아니라 경영 컨설팅 및 자문의 영역으로 자신들의 영역을 확대해나가고 있다. 디자인 회사로서 쌓아온 고객 분석 노하우를 기업의 이미지 제고와 경영 전략을 수립에 활용하고 있는 것이다.

　우리나라에서 '통섭'과 '융합'이 강조되기 훨씬 전부터 IDEO는 철학, 심리학, 법학 등 인문학 분야의 인재들을 뽑고 이들이 디자인 전문가들과 함께 일할 수 있는 환경을 조성해왔다. 팀 브라운은 자신이 가진 창의력의 근원은 인문학에서 시작했다고 말할 정도로, 삶을 탐구하고 관찰하는 과정을 기업의 정신적 뿌리로 삼고 있다.

　IDEO의 창의적인 이노베이션을 배우기 위한 열풍은 수 년 전부터 거세게 불고 있다.

　그런 현상의 가장 괄목할 만한 사례로, 스탠퍼드 디스쿨을 들 수 있다. 스탠퍼드 디스쿨은 350만 달러를 기부한 세계적인 소프트웨어 회사 SAP 창업자 하소 프래터너Hasso Plattner와 IDEO 설립자 데이비드 켈리, 기계공학자 버나드 로스Bernard Roth의 합작으로 만들어졌다. 그는 디자인 컨설팅 업체 IDEO의 디자인 싱킹에 영향을 받아 이런 획기적인 이노베이션을 모두가 습득해야 한다는 생각으로 스탠퍼드대학교에 거액을 기부해 IDEO 스타일의 디스쿨을 세운 것으로 알려져 있다.

　이 디스쿨은 디자인스쿨이다. 하지만 디스쿨에서는 디자인에만 집중하지 않는다고 한다. 바로 IDEO에서 추구하는 방식대로 말이다. 이곳에서는 '생각'을 디자인하는 방법을 가르치고 훈련시킨다. 그래서 법학, 정치학, 화학, 의학, 공학 등 다양한 전공을 가진 학생들이 모인다. 창조적 아이디어는 다양함과 다름에서 나온다는 생각에서다. 디스쿨의 표현을 빌리자면, 이것을 '극단적 협력Radical Collaboration'이라 한다. 창조에 있어서 서로 다른 관점과 다른 경험이 필요하다는 의미다.

최근에 이 디스쿨의 행보를 두고 〈월스트리트저널〉은 '디스쿨의 시대가 왔다'라고 평할 정도로 거침없이 두각을 드러내고 있다. 이미 많은 유명 기업이 디스쿨과 협업을 제안하고 비자, 구글, 모토로라뿐 아니라 게이츠재단, 모질라재단 같은 기관에서도 움직일 정도로 세계적으로 인정받고 있다.

철학 고전 100권이
노벨상을 배출하다

1890년대에 설립된 시카고대학은 비교적 짧은 역사임에도 세계에서 가장 많은 노벨상 수상자를 배출한 것으로 유명하다. 석유 사업으로 대재벌에 오른 존 록펠러John Davison Rockefeller가 세운 시카고대학은 1892년 설립 이후 40여 년 동안 거의 알려지지 않았다가 1929년을 기점으로 달라지기 시작했다. 1930년 이

• 시카고대학의 고전 명저 읽기 훈련은 전 세계적으로 인문 교육에 불씨를 짚였다. 지금으로부터 약 60년 전에 이 시카고 플랜은 사라졌지만, 이 명저 읽기 훈련이 학생들의 지적 함량과 내적 고찰을 높이는 데 중요한 역할을 했다는 것은 모두가 인정하는 사실이다.

후 시카고대학 출신의 노벨상 수상자는 80여 명에 이른다.

이런 성과는 (대학 관계자들이 여러 차례 언론을 통해 밝혔듯) 1930년 로버트 허친스Robert Maynard Hutchins 총장이 도입한 '시카고 플랜'이라는 인문학 프로그램에서 비롯되었다.

당시 시카고 플랜은 대학 1학년 때 인류의 위대한 지적 유산인 철학 고전 100권을 완벽하게 숙독하고 토론하는 프로그램이다. 이 과정을 통과하지 못한 학생은 학교를 졸업할 수 없었다. 현재 그 프로그램은 시행되지 않지만, 시카고대학의 인문적 위상을 높였을 뿐 아니라 다른 분야의 교육 프로그램에까지 큰 영향을 미쳤다는 점에서 인문학이 우리의 생각 구조에 큰 힘을 준다는 것은 분명하다.

단기 창의성 프로그램을 통해 여러 각도로 상황을 보는 시각, 한정된 시간에 효율적으로 다양한 아이디어를 낼 수 있는 능력을 향상시킬 수는 있다. 그러나 자유자재로 뽑아 쓸 수 있는 콘텐츠를 고르는 눈과 관찰과 고찰로 만든 지혜는 단기간의 프로그램으로는 얻을 수 없다. 창의성에서 가장 기본이 되는 콘텐츠와 지혜는 오랜 시간에 걸쳐 축적된 결과물이기 때문이다.

당신의
관찰력을 위하여

자신의 예측한 것을 입증하는 데이터를 발견했을 때 사람의 뇌는 사랑에 빠지거나 초콜릿을 먹을 때와 같은 도파민을 분비한다고 한다. 그래서 성급한 결정을 내릴 때, 우리는 그 결론을 지지하는 정보에만 집중하는 한편 그에 모순되거나 일치하지 않는 내용들은 무시하고 만다. 특히 우리는 최근에 본 것에 과도하게 좌우되는 경향이 있다.

현명한 결정을 내리기 위해서는 이런 것들에 휘둘리지 말아야 한다. 반대로 우리의 선입견에 이의를 제기하는 정보를 적극적으로 찾아봐야 한다. 그리고 의식적으로 관찰력을 향상시키는 연습을 해야 한다. 의식적으로나 무의식적으로 과거를 돌아보고 어떤 결정을 내려 성공하는 경우는 누구나 있다. 하지만 오늘날처럼 빠르게 변하고 불확실한 세상에서 과거의 성공과 실패, 경험에 근거한 직감에만 의존할 수는 없다. 변화의 흐름이나 새로운 정보를 무시해서는 안 된다. 성공이 반드시 성공을 낳는 것은 아니다. 어떤 특정한 조합이 늘 좋은 결과를 가져오는 것도 아니다.

1990년대부터 휴대전화 산업을 지배해온 노키아가 2007년 애플의 아이폰이 출시된 이후부터 휴대전화 시장에서 완전히 밀려나고 말았던 것처럼, 모든 유행은 언젠가 끝난다. 냉철한 관찰과 분석을 바탕으로 현재의 도전 과제를 객관적이고 열린 마음으로 평가할 줄 알아야 한다.

결정을 내릴 때에는 어느 정도 넉넉한 시간을 확보하여 전체적인 상황을 관찰해야 한다. 시간에 쫓기다 보면 시야가 좁아지거나 왜곡될 위험이 있기 때문이다. 따라서 사전에 미리 준비된 체크리스트를 활용하는 방법도 좋다. 그것이 인지 오류를 범할 가능성을 낮춰주기 때문이다. 세상을 바라보는 방식을 다시 조절하려면 지금 내 시야를 덮는 눈가리개를 벗어던지고 관심의 초점을

세상을 바라보는 방식을
다시 조절하려면
지금 내 시야를 덮는
눈가리개를 벗어던지고
관심의 초점을 재조명해야 한다.
그럴 수 있도록
도와줄 주변 사람들을
효율적으로 활용해야 한다.
그것이 올바른 관찰력을
높이는 길이다.

재조명해야 한다. 그럴 수 있도록 도와줄 주변 사람들을 효율적으로 활용해야 한다. 그것이 올바른 관찰력을 높이는 길이다.

다음은 색다른 관찰력을 제공하는 몇 가지 관점들을 정리한 것이다.

하나, 전체는 부분의 합보다 크다.

형태심리학에서는 "전체는 부분의 합보다 크다."라고 말한다. 형태심리학은 게슈탈트 심리학이라고도 하는데, 독일어 '게슈탈트gestalt'는 '전체' 또는 '완성된 형태'를 의미한다. 대나무를 그리는 사람에게 필요한 능력은 전체성을 띤 대나무 속에 품격과 운치를 그려내는 표현력이다. 따라서 그림을 그리기에 앞서 마음속에 완전한 대나무를 품고 있어야 하는 것이다. 전체적인 각도에서 사물을 파악해야 한다. 마디나 잎 같은 일부분에만 주의를 기울여서는 안 된다.

둘, 행동은 인식을 앞선다.

"슬퍼서 우는 게 아니라 우니까 슬퍼진다."라는 이야기가 있다. 19세기 말 미국의 심리학자 윌리엄 제임스William James와 덴마크의 병리학자 랑게Karl Lange의 주장이다. 자극이 신체적 변화를 유도하고 신체적 변화가 감정을 이끌어낸다는 것이다. 다시 말해, 무서우니까 몸이 떨리는 게 아니라 몸이 떨리니까 무서워지는 것이고, 화가 나니까 씨근덕거리는 게 아니라 씨근덕거리다 보니 화가 나는 것이다. 이처럼 과정보다는 결과에서 힌트를 얻는 것이 더 효과적이고 실용적일 수 있다.

셋, 말보다 눈을 보고 믿어라.

사람의 눈은 마음의 비밀을 고스란히 드러낸다. 입으로 어떤 말을 하든 진실을 알려주는 것은 그의 눈이다. 상대의 동공이 확대되고 눈이 커진다면 당신의 말에 호감이나 흥미를 갖고 있다는 증거며, 동공이 작아졌다면 정반대의 상황을 의미한다. 상대방이 눈을 옆으로 가늘게 뜨고 있다면 당신의 말을 그다지 신뢰하지 않는다는 뜻이다. 거짓말하는 사람은 자신의 마음을 숨기려 하기 때문에 상대를 정면으로 바라보지 못한다. 한쪽 눈썹을 치켜 올리는 것은 상대의 말을 못 믿는다거나 가능성이 희박하다고 생각하고 있음을 표현하며, 놀랐을 때는 양쪽 눈썹이 동시에 위로 올라간다.

넷, 정반대의 가설에서 출발하라.

흔한 질문이 유도할 수 있는 것은 흔한 결론밖에 없다.

"어떤 소비자들이 기존의 우리 제품, 우리 서비스를 가장 비정상적으로 사용하고 있는가?"

"어떤 소비자 층이 (우리가 전혀 예상하거나 기대하지 않았건만) 우리

상품과 서비스를 사용하고 있는가?"

"소비자가 우리의 제품, 서비스를 구매하는 데 가장 방해가 되는 것은 무엇인가?"

좋은 질문이 좋은 결론을 유도해낼 수 있다는 점을 기억하자.

COMBINATION & SYMBOL

열정이라는 연료와 관찰이라는 과정으로 만든
생각의 조각들이 전혀 보지 못한 새로운 관점으로 만나
사람을 모으고 가치를 높이는 생각의 엔진을 움직인다.

당신은 최초의 결합을 시도할 준비가 되어있는가?

결합
& 상징

생각의 엔진을 작동시켜라

COMBINATION
& SYMBOL

러버덕이 만든
시대의 상징

이야기는 1992년 홍콩에서 시작된다. 홍콩에서 미국으로 가던 화물선이 북태평양 해상에서 폭풍우를 만나 자칫 침몰할 뻔 한다. 이때 '러버덕'이란 장난감이 잔뜩 실린 컨테이너가 바다에 떨어지고, 이 사고로 장난감 2만 8천여 개가 바다에 섬을 이루듯 유출되고 말았다.

그런데 이 사고가 뜻밖의 결과를 불렀다. 바다에 흩어진 수많은 러버덕이 20년 동안 해류를 따라 이동하면서 해양학자들의 조류 연구에 도움을 준 것이다. 장난감들은 호주 북부 해안가를 시작으로 알래스카, 캐나다, 미국을 거쳐 영국, 스페인, 이탈리아

등 유럽의 해안까지 도달했다. 이를 발견한 사람들은 그 귀여운 모습에 즐거워했다. 이들의 세계일주는 재미있는 이야깃 거리로 화제가 되기에 충분했다. 이후 러버덕은 사랑과 평화, 행운의 상징으로 우리나라에까지 오게 되었다.

이처럼 추상적인 개념이 상징화되면 사람들의 머릿속에 구체적인 의미를 가진 약속된 기호로 자리를 잡는다. 이런 사례들은 역사적 사건들 속에서 어떤 맥락과 의미로 이어지다가, 후세에 유사한 경우가 나왔을 때 그를 대변하는 강력한 기호가 된다.

호메로스Homerés의 《일리아스》를 보면, 그리스가 트로이를 무너뜨릴 때 결정적인 역할을 한 트로이 목마가 등장한다. 그리스는 트로이를 둘러싸고 10여 년간 전투를 벌였으나 성을 함락시키지 못해, 결국 커다란 목마를 만들어 30여 명의 군인을 그 안에 매복시킨다. 그리스가 이 목마를 버리고 거짓으로 퇴각한 척하자, 트로이 사람들은 목마를 승리의 상징으로 여기고 기뻐하며 성 안으로 들여놓는다. 그날 밤 목마 속의 군인들이 나와 성문을 열어 그리스 군대를 성 안으로 들어오도록 했고, 이로써 긴 전쟁은 그리스의 승리로 막을 내릴 수 있었다.

반면 오늘날 '트로이의 목마'는 컴퓨터 악성 코드의 대명사로 더 유명하다. 이는 악성 루틴이 숨어 있는 프로그램으로, 겉보기에는 정상적인 프로그램으로 보이지만 악성 코드를 실행한다. 이

형태가 마치 평범한 목마 안에 위험한 무엇(적군)이 숨어 있는 듯하다고 해서, 《일리아스》의 일화에 비유된 의미로 불리게 된 것이다.

또 하나의 재미있는 말이 탄생했는데 바로 아킬레스건이다. 이는 고대 그리스의 전설적인 영웅 아킬레스Achilles의 고사에서 유래한 말로, 발뒤꿈치 위에 있는 힘줄을 가리킨다. 아킬레스가 트로이 전쟁 중에 적장 파리스Paris의 화살을 발뒤꿈치에 맞고 죽음을 맞이했다고 하여 그곳을 아킬레스건이라 부르게 되었다. 하지만 시간이 흘러 오늘날 아킬레스건은 발뒤꿈치 힘줄이 아니라, 사람마다 가진 '치명적인 약점'을 가리키는 말로 더 자주 쓰이고 있다.

'돌하르방'이라는 단어가 세상에 알려진 것은 얼마 되지 않은 일이다. 원래는 우석목, 무석목, 벅수머리라는 단어가 있었고, 우리가 흔히 부르는 '돌하르방'은 '돌 할아버지'란 뜻을 가진 제주도 방언이다. 1971년 문화재로 채택되면서 돌하르방은 급속도로 유명한 이름이 되었다.

돌하르방에 대한 최초의 기록은 김석익 교수의 《탐라기년耽羅紀年》이다. 영조 30년 당시 제주목사 김몽규가 성문 밖에 옹중석을 세웠다는 내용이었다. 현재 남아 있는 돌하르방 52기가 그때 제주목, 대정진, 정의진 등 3개 읍성의 성문 앞에 세워졌다는 것이다. 옹중석의 '옹중'은 중국 진시황제 때 사람으로 완옹중碗翁仲을 지칭하는데, 그는 '남해거인'으로 통하며 힘이 장사였다. 그래서 진시황제가 완옹중을 시켜 흉노족 등 북방 침략자를 토벌하도록 했다는 설이 전해오고 있다. 결국 제주목사 김몽규가 중국의 구전을 활용해 옹중석을 제주에 세운 것은 전염병이나 원귀 등 흉한 것들이 도내에 드나들지 못하도록 하기 위한 상징이었으니, 결과적으로 돌하르방은 제주의 수호신인 셈이다.

러버덕이나 트로이 목마, 아킬레스, 돌하루방의 배경처럼 모든 상징의 유래에는 사회 문화적 성향이 강력하게 작용하고 있다. 그것은 시대를 살아가는 이들의 사고방식이 반영됐기 때문이다.

이미지와 공감이 만나면
어떤 상징이 되는가

비둘기가 평화의 상징이 된 이유는 구약성서 '창세기'의 '노아의 방주' 이야기에서 나온다. 하나님이 대홍수로 인간 세상을 심판할 때 방주를 타고 살아남았던 노아와 그 식구들이 홍수가 끝나기만을 기다렸다. 그러나 홍수가 끝났는지 도저히 알 길이 없어 고민하던 노아는 방주 밖으로 비둘기를 날리는 아이디어를 발휘

한다. 비둘기의 귀소 본능을 이용한 것이다. 바깥세상으로 날아갔던 비둘기가 얼마 후 다시 방주로 돌아왔는데, 부리에 올리브 나뭇가지가 물려 있었다. 바깥 세상에 물이 빠져 육지가 드러났다는 뜻이다. 홍수라는 대재앙 속에서 희망의 나뭇가지를 가져다준 비둘기는 이후 평화의 상징으로 불리게 되었다.

한편 까치는 어떤 상징을 가지고 있을까. 《삼국유사三國遺事》를 보면 신라 소지왕 때 왕후가 한 스님과 내통하여 왕을 해하려 했는데 까치와 쥐, 돼지와 용의 인도로 왕은 위기를 모면한다. 그 이유로 동물들의 공을 기리고자 했으나 쥐, 돼지, 용은 모두 십이지에 드는 동물이라 그날을 기념하지만 까치는 기념할 날이 없어 설 바로 전날을 까치의 날로 정했다. 그래서 까치설날이라는 이름이 붙었다고 전해진다. 사실 까치는 경계심이 많아서 낯선 사람을 보면 우는 습성이 있다. 그래서 옛날 사람들은 "까치가 우는 것을 보니 반가운 손님이 오시나 보다."라며 반가움의 의미로 여기곤 했다. 까치를 길조로 여기게 된 이유이기도 하다.

반면에 까마귀는 동물 시체 등을 뜯어 먹는다고 해서 흉조라 불렸다. 이것이 실제 성질과 다르게 인식된 상징화다. 까마귀는 우리 민족의 상징과 깊은 연관을 가진 새다. 고구려 고분벽화에 그려진 〈삼족오三足烏〉가 그 증거다. 삼족오의 까마귀는 태양을 상징하거나 하늘과 인간을 연결하는 매개자 역할을 했다. '연오랑延烏郎 세오녀細烏女' 설화는 일종의 태양신화로, 주인공 이름에

까마귀 오鳥자가 들어 있다. 이처럼 까마귀는 오히려 우리 민간에서는 신성한 새, 길조로 인식되기도 했다.

상징은 대상의 이미지와 사람들의 공감이라는 두 가지가 결합하여 이야기로 만들어진다. 그 이야기가 시간을 넘어 사람들의 입을 통해서 하나의 문화로 완성되는 것이다.

상징 안의
드라마

과거 월드트레이드센터는 미국 경제와 국력의 상징이었다. 하지만 9·11 테러에 의해 이 상징은 무참히 붕괴되었고, 이 폐허는 '그라운드 제로'라는 이름으로 다시 태어나 테러의 희생양들을 추모하는 상징적 공간으로 탈바꿈했다. 그리고 몇 년 전, 미국이 기나긴 추격전 끝에 9·11 테러의 주동자로 지목된 오사마 빈 라덴 Osama Bin Laden을 사살하는 데 성공한다. 이때 수많은 미국인이 그라운드 제로에 모여 테러의 종결을 기뻐하기도 했다. 그라운드 제로가 장차 테러 종결이라는 새로운 상징이 될지, 진정한 인류 평화와 화합의 상징이 될지는 더 지켜볼 일이지만 말이다.

빈 라덴을 사살한 지 나흘 만에 버락 오바마 Barack Obama 대통

• 뉴욕 9.11 테러가 발생했던 자리는 대재앙의 현장을 뜻하는 그라운드 제로라는 이름으로 다시 태어났다.

령은 그라운드 제로를 찾았다. 그는 무너져 내린 세계무역센터 잔해 속에서 살아남아 그라운드 제로로 옮겨 심긴 나무 한 그루의 밑동에 꽃 한 다발을 헌화했다. 그리고 두 손을 모으고 고개 숙였다. 그게 전부였다. 사실 오바마 대통령의 조용한 행보에는 "빈 라덴 사살을 자신의 지지율을 높이기 위한 이벤트로 삼지 않겠다."라는 의지가 담겨 있었다. 제이 카니Jay Carney 백악관 대변인은 브리핑에서 이렇게 말했다.

"끔찍한 공격을 받은 상황에서 하나가 됐던 미국의 단합을 기억하는 자리에서는 그 어떤 말도 필요치 않다. 대통령은 그라운

• 이 밀튼 글레이저가 다시 디자인한 'I♥NY More Than Ever' 포스터는 2001년 9월 19일 자 미국 〈데일리뉴스〉에 실리면서 뉴욕 시민들에게 큰 공감을 일으켰다.

드 제로에서 공개 연설을 하지 않을 것이며, 9·11테러 희생자 가족들을 조용히 만나 위로할 것이다. 때로는 침묵이 더 큰 위력을 가질 때가 있다."

이날 오바마 대통령이 보여주었던 행동은 빈 라덴 사살로 테러와의 전쟁이 한 매듭을 지었음을 대내외에 알리는 동시에 9·11테러 희생자 유가족들을 위로하려는 상징이었다. 전임 대통령인 조지 부시George Bush가 이곳에서 보복을 다짐한 이후, 무려 10년 만에 후임 대통령이 보복의 종결을 보고한 것이었다.

이때 더불어 눈에 띈 상징이 그래픽 디자이너인 밀튼 글레이 저Milton Glaser의 'I♥NY'였다. 그가 이 로고를 만들었을 때가 1975년 제1차 석유파동 직후 경제 불황을 겪던 시기로, 당시 뉴욕 시민들에게 희망을 상징하는 캠페인으로 만들어진 것이었다. 하지만 지난 9.11 테러 이후, 밀튼 글레이저는 이 로고를 다시 디자인해 'I♥NY More Than Ever'라는 포스터를 만들어 뉴욕 시민들에게 다시 한 번 용기를 북돋는 매개로 만들었다.

하나의 역사적 사건이 상징화될 때는 드라마틱하다. 특히 한 시대의 아픔에 대한 것일 경우 진심 어린 위로와 정중함, 신중함이 담겨 있다. 상징이라고 해서 단순히 하나로 집약하고 압축해 내보이기 위한 방식이 아니다. 대상이 무엇이든 상징을 만들어내는 사람이 진정성을 담기 위해 진지하게 고심하는 자세가 기본이 되어야 한다.

만약 여러분이 지금 어떤 것을 대상으로 한 상징적인 아이디어를 떠올려야 한다면, 그 대상과 연결되는 일련의 것들을 세심하게 배려하듯 떠올려보길, 그리고 그것과 이어져 있는 사람들과 사건들을 떠올리면서 어떻게 진정성을 전달할 것인지 고민해보길 바란다. 그 과정을 통해 만들어진 상징적인 생각은 분명 모두의 마음에 닿아 설득력을 지니게 될 것이다.

묶는 대로
의미가 생긴다

　이탈리아의 커피브랜드 라바차는 에스프레소 커피 판촉을 위해 여러 커피 애호가들을 관찰했다. 문제의 해결은 인간의 본능적인 욕구에 있기 마련이다. 그들은 이 생각의 과정에서 재미있는 점을 발견했다. 독한 에스프레소 애호가들도 설탕이나 쿠키로 커피의 쓰고 강한 맛을 다스리고 있었다는 것이다. 결국 라바차는 설탕으로 코팅한 쿠키 컵을 만들었고 소비자의 좋은 반응을 얻었다.

　대부분의 상징은 기존 개념들의 결합을 통해 이루어진다. 하늘 아래 새로운 것은 없다. 이른바 수평적 결합의 개념이다. 그래서 아이디어를 발명하는 게 아니라 발견하는 것이라고 하는 모양이다. 여기서 결합과 상징화 하는 과정을 함께 묶어 놓은 이유는 분명히 다른 개념이지만 과정은 단계별로 일어날 때가 많고, 때에 따라서는 결합의 과정 자체가 상징화의 과정이 되는 경우도 있기 때문이다.

　좋은 재료들을 모아 놓았으면 물과 양념을 넣고 적당히 버무린 다음 불에 올리는 등의 과정을 거쳐야 비로소 맛있는 음식이 탄

대부분의 상징은

기존 개념들의 결합을 통해 이루어진다.

유연하고 열린 마음으로

어떤 것들끼리라도 결합시켜보자.

유연하고 열린 마음이라면

어떠한 결합도 가능할 수 있음을 받아들이자.

생하는 법이다. 마찬가지로 관찰을 통해 많은 것을 꿰뚫어 보고 새로운 정보들을 얻었다면 그것들을 조합 또는 결합시켜야 새롭고 구체적인 결과를 만들 수 있다. 모든 새로운 개념은 기존의 개념들이 결합되어 만들어진다.

결합 중에는 목적의식이 없는 '비의도적 시도'였지만 결국 대중으로부터 '유의미한 관계'를 인정받은 결합이 있다. 그런가 하면 그 자체로는 의미가 없는 기호, 사물, 동물 등에 '인위적인 목적성'을 가지고 의도적인 고지나 사회공통의 암묵적 동의 과정을 통해 의미가 부여되는 결합도 있다. 전자의 예로 증기 자동차, 앤디 워홀Andy Warhol의 팝아트를 들 수 있으며 후자는 브랜드 로고나 특정 집단 등을 나타내는 기호, 특정 의미 등과 결합된 상징이다.

나치의 철십자는 십자가의 한 종류로, 이들이 사용하기 전까지는 전혀 정치적인 의미가 없었다. 그러나 지금은 전 세계인 누구에게나 나치의 정치적 유산을 상징하는 이미지로 통한다. 그것과 비슷하게 반지는 그 자체로는 아무 의미 없는 쇠붙이일 뿐이다. 그러나 오랜 세월을 통해 사람들에게 '사랑'과 '결혼'이라는 의미를 부여받은 셈이다.

한편 스타벅스의 로고에 있는 세이렌도 사실은 스타벅스의 서비스 또는 제품과는 아무 관련이 없었다. 그러나 스타벅스가 이런 로고를 만들어 대중에게 지속적으로 노출을 확대한 결과, 지금은 많은 사람이 '녹색의 세이렌'으로부터 정확히 스타벅스를 연상하고 있다.

모든 아이디어는 새로우며, 새로운 모든 것은 낯설다. 그것들은 기존의 생각에서 출발한다. 결국 아이디어를 얻고자 한다면 스스로의 수용성을 넓혀야 한다. 그러기 위해서는 유연하고 열린 마음이 필요하다. 유연하고 열린 마음으로 어떤 것들끼리라도 고정관념에서 벗어나서 결합시켜보자. 유연하고 개방적인 생각 구조라면 어떤 결합도 좋은 아이디어를 낼 수 있다는 사실을 받아들이자.

상반된 결합도
가치를 만든다

1917년 뉴욕, 어느 그룹 전시회의 전시장에 뒤집힌 남성용 소변기 하나가 놓여 있었다. 작품명은 〈샘Fountain〉이었다. 도기로 만들어진 소변기 왼편에 '리처드 뮤트R. MUTT 1917'라는 사인이 표기된, 당당한 출품작이었다. 당시의 전시회는 진보적인 협회(앙데팡당미술가협회)전이었는데 유감스럽게도 그 작품은 '결코 미술작품으로 간주될 수 없다'는 이유로 철거되고 만다. 리처드 무

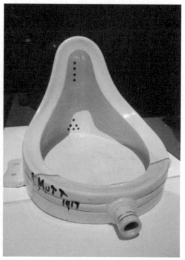

• 마르셀 뒤샹의 〈샘〉에는 단 하나만 존재하는 수공품인 '예술'과 양산되는 제품인 '기계적 문명'이라는 개념이 공존하는 아이러니와 물체에 대한 새로운 인식이 암시됐다는 점에서 큰 의미를 갖는다. 이것은 미술계를 넘어, 대중에게까지 혁신적인 사고의 힘을 강하게 시사하고 있다.

트는 도대체 누구이며, 그는 왜 의도적인 도발을 감행했던 것일까? 그는 작품을 통해 무엇을 말하고 싶었던 것일까?

그 화가는 프랑스계 미국인 화가 마르셀 뒤샹Marcel Duchamp이었다. 뒤샹은 앙데팡당협회 회원이었는데, 다분히 의도된 이 사건 후에 협회를 탈퇴했고 지인들과 함께 발행한 잡지 〈맹인〉에 성명서를 쓰면서 사태에 강하게 맞섰다. 뒤샹은 이런 식으로 '레디메이드'라는 모던아트의 새로운 오브제 장르를 개발해냈다. 순수한 작업 결과물이 아닌 가공된 사물을 선택하여 전시한 자신의 아이디어에 대해 뒤샹은 말했다. "뮤트 씨가 자신의 손으로 이 작품을 만들었는가 그렇지 않은가는 중요한 문제가 아니다. 그는 이것을 선택했으며, 따라서 이 물체에 새로운 의미를 부여했다."

일반적인 소변기의 궁극적 목적과 상징은 오염된 물의 최종 배출구이자 궁극적인 종착점이다. 그러나 뒤샹은 소변기를 뒤집어 설치함으로써 신선하고 깨끗한 물의 발상지, 최초의 시작점인 '샘'이란 예술적 의미를 부여했다. 생활의 일상품을 새로운 관점과 새로운 제목 아래 놓음으로써 그 유용성의 의미를 사라지게하고 사물에 대한 새로운 관념을 창조한 것이다.

가시적인 결과물로의 회화보다는 순수한 상상력으로 창조되는 미술의 새로운 경지를 개척한 뒤샹. 그래서 그를 수반하는 수식어에는 침공자, 선구자, 혁명가 등의 상반된 단어들이 등장하곤한다. 뒤샹은 파블로 피카소와 함께 20세기 미술사에 가장 영향을 미친 사람 중의 하나가 되었다. 그는 '다다'에서 초현실주의로의 이행에 큰 영향을 주었고, 또한 팝아트에서 개념미술에 이르기까지 20세기의 다양한 현대미술사조의 출현에 큰 영향력을 제공했다. 소변기가 전시회로 예술계에 큰 획을 그은 것이다. 작품과 공간의 결합이 상반되면서도 새로운 가치를 만든 역사적인 사례다.

현세 인류의 역사를 예수의 탄생 전과 후로 나누듯, 우리나라 신용카드 마케팅의 역사는 '현대카드' 전과 후로 나눠볼 수 있다. 실제로 많은 신용카드 회사의 CEO가 현대카드의 역량으로 다양한 압박을 받았고 새로운 마케팅과 제품을 선보이느라 골머리를 썩었다. 지금도 그 영향은 계속되고 있다.

"신용카드 비즈니스가 제공하는 서비스는 문화 예술과 별 관계가 없다." 대부분의 사람이 그렇게 생각해왔지만 현대카드는 달랐다. 비욘세, 스티비 원더, 레이디 가가, 에미넴 등 이름 자체가 브랜드라고 할 세계적 팝스타를 초청해서 콘서트를 열고 세계적 스포츠스타를 초대해 경기를 주최했으며 세계적 오케스트라와 성악가가 등장하는 클래식 콘서트를 열기도 했다. 나아가 현대카드는 세계적인 여행 가이드북 《ZAGAT》을 펴냈고 뉴욕현대미술관MoMA의 생활용품을 국내에서 독점 판매했으며 여행, 교육, 레저 분야에서 새로운 라이프스타일을 제안하는 프로그램 〈프라비아〉를 운영하고 있다.

이런 마케팅을 문화 예술 기업이 시행했다면 별로 놀랍지 않았을 것이다. 현대카드가 예술을 기반한 마케팅으로 창의적이고 세련된 혁신적 기업 이미지를 창출할 수 있었던 것은, 다름 아닌 카드회사였던 때문이다. 자칫 이질적으로 인식될 수도 있는, 금융 경제의 소산물인 신용카드에 문화 예술이라는 추상적 개념을 접목한 반전의 시도가 성과를 더욱 극대화시킨 셈이다.

뛰어난 아이디어, 고유한 아이디어는
때론 모험이 열쇠가 되기도 한다.
충돌의 결과가 꼭 파괴나 소멸만
있는 것이 아니다.
생경한 개념들의 결합이
신선한 충돌을 일으킬 때
누구도 따라할 수 없는
가치가 탄생한다는 것을 기억하자.

여의도 현대카드 본사 1층에는 독특한 자판기가 설치되어 있다. 음료수나 과자 등이 아닌 사무용품을 판매하는 자판기인데 어디에서도 볼 수 없는 독특한 디자인의 사무용품들로 가득하다. 포스트잇은 현대카드에서 발행하는 신용카드를 닮았고, 스테이플러와 볼펜과 수첩과 가위에도 현대카드의 로고가 디자인되어 있다. 사무용품뿐 아니다. 현대카드의 다양한 디자인을 형상화한 초콜릿, 심지어 '잇워터it water'라고 불리는 감각적인 디자인의 생수까지 구비되어 있다.

현대카드가 보여주는 영향력의 근원은 영리함과 진취성을 바탕으로 한 '낯선 것 사이의 과감한 결합' 방식에 있다고 할 수 있다. 이처럼 상반되거나 또는 낯선 개념들을 충돌시키듯 결합하면 대체 불가능한 가치가 만들어지기 마련이다.

뛰어난 아이디어, 고유한 아이디어는 때론 모험이 열쇠가 되기도 한다. 충돌의 결과가 꼭 파괴나 소멸만 있는 것이 아니다. 생경한 개념들의 결합이 신선한 충돌을 일으킬 때 누구도 따라할 수 없는 가치가 탄생한다는 것을 기억하자.

패키지의
마법

맥주가 독일, 스카치가 영국(스코틀랜드), 와인과 브랜디가 프랑스, 사케가 일본, 막걸리가 한국이라면 보드카는 러시아가 고향이다. 당연하게도 모든 주류 카테고리의 넘버 원 브랜드는 최초로 그 술이 만들어진 국가의 업체들이다. 그런데 여기 하나의 예외가 있다. 바로 앱솔루트 보드카다. 꽤 많은 사람이 앱솔루트를 러시아 보드카로 알고 있지만 이 술은 스웨덴에서 만들어진다.

앱솔루트가 러시아 브랜드도 아니면서 세계 최고의 자리를 차지할 수 있었던 비결은 패키지의 강력한 상징화와 아트 마케팅의 결합력이었다. 1979년 스웨덴에서 시작한 앱솔루트 보드카는 런칭 후인 다음 해 1980년 미국시장으로 진출하려다 장애물을 만났다. 미국인의 인식에 '보드카는 러시아'라는 공식이 확고하게 자리 잡고 있었던 것이다. 미국에서 생산되는 보드카들마저 러시아식 이름을 붙일 정도였다. 게다가 당시 미국은 주류와 담배의 광고가 금지되어 있어 이렇다 할 마케팅 방안을 마련하기도 애매했다.

러시아나 다른 나라에서 만든 보드카와 비교해 앱솔루트가 술 자체만의 차별성을 갖기는 어려운 일이었다. 앱솔루트 측이야 스웨덴에서 물 좋기로 유명한 어느 지방에서 만들기 때문에 맛이 남 다르다고 주장하지만, 스웨덴 물로 만든 보드카를 마시고자

• 미국의 그라피티 아티스트 키스 해링, 스페인 출신 일러스트레이터 하비에르 마리스칼, 독일의 직물아티스트 로즈마리 트로켈 등 전 세계 예술가들이 앱솔루트의 병을 디자인했다. 앱솔루트는 '사서 묵혀두면 더 비싼 값에 팔리는 예술적인 보드카'의 이미지를 얻음으로써 예술적인 상징을 굳힐 수 있게 됐다.

앱솔루트를 구입하는 소비자는 많지 않을 것이다.

또한 감자 등 곡물을 주재료로 만드는 보드카는 무색, 무미, 무취의 특징을 갖고 있는데 거꾸로 말해 색이나 향을 과도하게 첨가할 경우 보드카로 인정받기 어려운 위험성이 있다. 이런 특성에 맞서 앱솔루트가 선택한 전략은 독특한 모양의 병을 만들어 그 디자인을 지속적으로 유지하는 한편 이 모양을 소비자 커뮤니케이션의 중심에 놓는 것이었다. 그리고 다양한 장르의 예술가와 콜라보레이션을 통해 하나의 인쇄 광고를 마치 작품처럼 만들어내는 것이었다. 이를 위해 미국에서는 앤디 워홀이나 키스 해링 등의 유명 작가와 협업을 했으며, 한국에서는 방패연 인간문화재의 작품을 광고에 담아내기도 했다.

여러 한계에 봉착하면서 앱솔루트는 제품의 병 모양을 부각시키고 앱솔루트라는 브랜드를 강조하는 디자인으로 소비자들의 눈길을 잡기로 한 것이었다. 제품 디자인을 단순하게 변형해 상징화시킨 뒤, 여러 가지 콘셉트로 변형하여 다양성을 추구하는 속에서 늘 같은 프레임의 패키지 디자인이 적용되도록 일관성을 유지했다.

미국의 코카콜라, 한국의 바나나맛우유, 스웨덴의 앱솔루트 보드카는 하나의 공통점을 가지고 있다. 제품의 실루엣만 봐도 어떤 제품인지 정확히 알 수 있는 브랜드라는 것이다. 그중에서도 오리지널리티가 느껴지는 디자인을 개발하고 예술 등의 외부자원을 이용해 독특하고 차별화된 이미지를 구축한 앱솔루트의 경우는 수평적 결합을 통한 가치 창출의 성공적인 사례다.

쉽게
세상을 말하는 법

비유는 상징과 다르다. 비유란 표현하고자 하는 바를 구체적이고도 생생하게 나타내고자 다른 사물을 이끌어 쓰는 수사적 방법이다. 그래서 비유는 사물과 사물 사이의 유사점을 바탕으로 표현한다. 특히 시인의 비유는 전혀 닮아 보이지 않는 두 사물 사이에서 아주 각별한 공통점을 찾아내서 절묘하게 표현한다.

비유는 그 방식에 따라 직유, 은유, 의인, 풍유, 대유 등으로 구분된다. 비유의 중요한 목적은 내 생각과 정서를 타인들에게 더 생생하게 전달하거나 더 쉽게 이해시키는 데 있다. 공감의 폭과 깊이를 넓히는 것이다.

비유가 그렇듯 상징 역시 표현의 감각화를 통해 새로운 의미를 드러낸다. 그런데 비유가 두 관념 사이의 공통성과 유사성에 기반하는 것과 달리, 상징은 감각적 대상으로서의 보조 관념이 본래의 의미를 드러낸다. 이것이 차이다. 비유에서는 원관념이 명확하게 드러나지만 상징에서 원관념은 암시성과 모호성이 더 강하다. 그래서 대상에 대한 의미가 더 다의적이고 그 폭은 더 넓어진다. 원관념을 알아채기 위해서는 그 표현이 쓰인 배경, 즉 표현한 사람의 상황이 파악되어야 한다.

상징은 눈에 보이지 않은, 뚜렷하게 잡히지 않는 개념이나 사물을 구체화시키는 수단이다. 여러 가지 사물과 개념에서 공통되는 특성과 속성 따위를 추출하여 파악하는 작용을 '추상'이라고 한다면, 상징은 다분히 추상적인 작업이다.

이런 성질을 가진 상징이라는 것을 통해 세상은 새로운 관점과 의미로 더욱 풍부해진다.

하나의 상징을 이해하려면
총체적인 지식이 필요하다

현대미술의 새로운 지평을 열었던 파블로 피카소Pablo Picasso 의 명작 〈게르니카〉. 이 추상화의 상징적 의미를 이미 많은 사람 이 알고 있을 것이다. 피카소가 이 그림을 그리기 시작한 것은 스 페인 내란 중, 프랑코군을 지원하는 독일의 공군이 게르니카를 폭격하고 2주 만인 1937년 5월 11일의 일이었다. 당시 그는 파 리에 머물며 파리 만국박람회 스페인 관에 걸릴 벽화를 구상하던 중이었는데, 조국에서 벌어진 학살극이 그를 분노케 했고 결국 그가 붓을 든 지 한 달 만에 세로 3.5m, 세로 7.8m의 대작이 완 성되었다. 죽은 아이를 안고 있는 어머니, 하늘을 향해 울부짖는 사람, 미친 듯 울어대는 말 등 사람과 동물의 처참한 고통을 흰색 과 검은색, 회색만을 사용하여 강렬하게 묘사한 〈게르니카〉는 전 쟁의 야만과 잔혹을 생생하게 고발했다. 그해 열린 파리 만국박람 회에 전시되었던 〈게르니카〉는 지금까지도 전쟁의 폭력성과 부도

• 피카소의 〈게르니카〉는 전쟁의 야만과 잔인을 고발하는 작품이다. 만약 피카소가 추상 화가라는 점이나 게르니카가 전쟁 중 폭격지였다는 사실 등 배경을 알지 못한다면 이 작품의 상징을 이해하지 못할 수도 있다. 이처럼 상징을 이해하기 위해서는 전반적인 지식이나 정보가 필요한 경우도 있다.

덕성을 증거하며 말없이 인류의 양심에 호소하고 있다.

하지만 게르니카의 역사적 사건을 모르는 사람이 있다면, 이 괴기스러운 그림이 무엇을 의미하는지 좀처럼 와닿지 않을 것이다. 눈, 코, 입의 위치가 뒤죽박죽인 것도 모자라 사람인지 짐승인지 구별할 수도 없는 이들이 울부짖는 이 그림을 보며, 사후의 지옥세계를 연상할 수도 있을 것이다. 물론 작가의 의도와 일치하지 않는다고 그런 해석이 틀렸다고는 할 수 없다. 보고 받아들이는 방식의 차이일 뿐이긴 하니까 말이다.

전쟁의 참혹함을 상징한 피카소의 추상화 〈게르니카〉는 누군 가에게 상징이기도 하고 아니기도 하다. 그러나 예술 감상이 작 가가 상징화한 예술품에 대한 의도를 이해하는 일이라고 할 때, 상징화된 표현물을 이해하려면 작품 전체에 대한 총체적 이해가 뒤따라야 할 것이다.

비유가
흘러온 시간

상징의 가장 일반적인 방법은 개념간의 유사성을 통해 맥락을 연결하는 비유법이다. 우리는 아주 오래 전 인류의 조상 때부터 이런 커뮤니케이션을 시작했다. 구석기 시대, 신석기 시대의 벽 화와 토기를 봐도 비유의 모습을 찾아볼 수가 있다. 다름 아닌 고 고학자들이 이 같은 벽화나 토기들을 보면서 그것이 가진 의미를 찾아낸다. 그 단순한 형태의 그림과 무늬들로부터 원시 시대의 토대가 됐던 샤머니즘의 정수를 발견하는 것이다.

고구려왕의 고분에는 청룡, 주작, 백호, 현무 등의 수호신이 그 려져 있다. 청룡, 백호, 주작, 현무는 각각 동, 서, 남, 북을 수호 한다. 진시황제의 거대한 병마총이나 고구려시대의 사신이나, 비유적인 관점에서는 모두 왕을 지키는 수호신의 상징이다.

　우리가 무의식 중에 쓰는 속담 역시 수많은 비유의 집약이다. 속담은 민족 전체가 공유하는 민족적 언어 예술이다. 서민들의 입을 통하여 구전되어 온, 삶의 지혜나 교훈을 비유적 상징적으로 압축해놓은 훌륭한 문학 유산이다. 문헌상으로는 광해군 말기 유몽인의 《어우야담》, 영조 때의 《동문유해》와 정조 때의 《명의록언해》에 '속담'이란 말이 쓰였다고 한다. 이로 미루어 속담이 우리말 속 일반화된 시기는 18세기 무렵으로 추정할 수 있다.

　재미있는 점은 우리와 비슷한 의미의 해외 속담이 많다는 점이다. 나라 안이나 밖이나 사람들의 생각은 크게 차이가 없다는 의미다. 예를 들어 "It Takes Two To Tango."는 탱고를 추기 위해서는 두 사람이 필요하다는 외국 속담인데, 우리의 "손바닥도 마주쳐야 소리가 난다."는 속담에 해당한다고 할 수 있겠다.

　청산리 벽계수야靑山裏碧溪水

　수이 감을 자랑 마라莫誇易移去

　일도 창해하면 다시 오기 어려워라一到滄海不復還

　명월이 만공산하니明月滿空山

　쉬어간들 어떠리暫休且去奈何

　전체를 기억하지 못할 수도 있지만 '청산리 벽계수야'라는 문장이 낯선 사람은 없을 것이다. 말을 타고 자기 앞을 무심하게 지나가는 벽계수의 환심을 사고자 황진이가 읊었다는 시조인데, 풀이해보면 옛 선인들의 멋과 낭만을 고스란히 느낄 수 있다.

황진이를 사모하는 마음에 애만 태우는 벽계수에게 어느 날 손곡 이달이 귀띔을 한다. 황진이의 집 근처에서 거문고를 타고 있으면 황진이가 올 것이며 그때 본 체 만 체 일어나 재빨리 말을 타고 가면 황진이가 따라올 것이라고. 절대 뒤를 돌아보지 않으면 성공한다고 말이다. 벽계수는 그 조언처럼 거문고를 타다 황진이가 온 것을 알고 작은 나귀를 타고 가니 정말로 황진이가 뒤를 따라오는 것이었다. 그렇게 취적교에 이를 때쯤 황진이가 시조를 읊는데, 벽계수가 도저히 그냥 갈 수가 없어 슬그머니 고개를 돌리다가, 그만 나귀에서 떨어지고 만다.

"푸른 숲 속을 흐르는 맑은 물아! 한 번 바다로 흘러가버리면 다시 돌아올 수 없으니, 달빛이 빈산을 가득 비추는 경치를 즐기면서 천천히 흘러가는 것이 어떠냐."

시조를 살피면 이런 뜻이 읽힌다. 푸른 경치가 머릿속에 절로 그려지는 기분이다. 중요한 것은 이 짧은 몇 줄에 수많은 의미가 숨어 있다는 것이다. 맑은 물과 밝은 달이라는 절묘한 비유를 통해 그럴듯한 사랑의 운치와 멋을 드러낸 것이다.

비유를 통한 상징 체계는 근대 이후 문학 속에 좀 더 발전하면

서 깊이 자리 잡았다. 독자들은 그처럼 다양한 문학작품을 접하
며 그것이 궁극적으로 가닿고자 함을 찾아내는 방식을 익혀가고,
작가는 인생과 사물을 심도 있게 관찰함으로써 작품의 가치를 더
욱 높이고자 노력하고 있다. 시를 접할 때 그 시대의 사회상이나
화자가 말하고자 했던 심층적인 의도를 파악하려면, 마치 암호
해독하듯 시구들을 분석하고 관찰해야 하는 작업이 필요하게 된
것이다.

나 보기가 역겨워

가실 때에는

말없이 고이 보내 드리오리다

영변에 약산

진달래꽃

아름 따다 가실 길에 뿌리오리다

가시는 걸음 걸음

놓인 그 꽃을

사뿐히 즈려 밟고 가시옵소서

나 보기가 역겨워

가실 때에는

죽어도 아니 눈물 흘리오리다

시인 김소월의 〈진달래꽃〉에는 떠나는 임에 대한 원망과 슬픔, 끝까지 임에게 자신을 헌신하는 정성과 순종의 상징이 가득하다.

이처럼 시에는 비유가 사용된다. '진달래꽃'이라는 단어 하나에 적어도 세 가지의 다른 의미가 상징될 수 있다. 문학뿐 아니다. 비유를 통한 상징화는 우리 각자의 행동에도 스며들어 새로운 가치를 만들어내고 발전해나간다. 노래 가사 속 언어들도 마찬가지다.

달 달 무슨 달
쟁반같이 둥근 달
어디 어디 떴나
남산 위에 떴지

윤석중 선생의 동요 〈달〉 속의 달 역시 밝음, 원만함, 은은함, 포용성, 부드러움 등의 상징적 의미가 참으로 다양하다.

십 년十年을 경영經營ᄒ여 초려삼간草廬三間 지여내니
나 ᄒ 간 달 ᄒ 간에 청풍淸風 ᄒ 간 맛져 두고
강산江山은 들일 듸 업스니 둘러 두고 보리라

송순이 지은 이 시조는 이 작품 속 화자에게 달은 자연이자 물아일체, 즉 자연 친화를 상징한다.

달하 노피곰 도다샤

어긔야 머리곰 비취오시라

어긔야 어강됴리

아흐 아으 다롱디리

져재 녀러신고요

어긔야 즌디랄 드리욜셰라

어긔야 어강됴리

백제 민요인 〈정읍사〉는 행상 나간 남편을 기다리면서 아내가 부른 노래다. 아내는 남편이 밤길을 다니다가 행여 다칠 새라 달에게 멀리 지상을 비춰달라고 기원한다. 이때의 달은 소망과 기원의 상징이다.

시 언어는 작품의 가진 상징성에 따라 두 가지 이상의 서로 다른 것이 결합, 새로운 뉘앙스와 감상을 잉태시키는 효과를 거두곤 한다. 자칫 잘못하면 억지스러울 수 있다. 그러나 서로 다른 것들이 절묘하게 하나로 묶일 때, 그 어느 표현보다도 강력한 효과를 낼 수 있다. 이것이 상징이 갖는 고유한 힘이다.

색은
말한다

우리는 하루에도 수없이 많은 사물 속에서 수없이 많은 색과 마주친다. 그리고 어떤 색을 접했을 때, 우리는 특정한 형상이나 의미의 상징을 절로 연상하곤 한다. 이처럼 색채가 주는 정서적 반응은 사회적인 관습으로 이어지는 경우가 많다. 그리고 디자인 계에서도 이런 색채의 이미지를 적극적으로 활용하곤 한다.

빨강은 불의 색, '정열'을 의미한다. 또한 '피'를 연상시키며 애국 정신이나 혁명을 나타낸다. 서양에서는 그리스도의 피라고 말하는 포도주와 비슷한 색이라는 점에서 '성찬'이나 '성전'을 의미하기도 한다. 한편 빨강은 '위험'을 의미하는 색으로 교통신호의 정지에 사용된다. 소방차, 소화기 등에 쓰이는 빨간 색 역시 위험의 뜻으로 쓰인 사례다. 같은 빨강이라도 농도에 따라 의미가 달라진다. 짙은 빨강은 '질투'나 '폭로'를 의미하며 악마의 상징이 되며, 반면 연한 빨강인 분홍은 '청순', '건강', '사랑스러움'을 나타낸다.

초록은 대자연에서 생기 있게 성장하는 초목과 번성한 녹음의 색이므로 '자연'과 '성장'을 상징한다. 한편 '사회 초년생'이나 일에 '미숙한 사람'을 나타내기도 한다(그리너greener는 경험이 적은 사람을 부정적으로 일컫는 단어다). 서양에서는 초록을 '질투의 악마'로 상징하기도 한다. 그래도 초록은 '평화'와 '안전'의 상징으로 사용되는 게 일반적이다.

　파랑은 '행복'의 색이며 '고귀'의 색이다. '희망'과 동시에 '냉정'을 상징하는 색이기도 하다. 서양에서 블루 블러드Blue Blood, 즉 파란 피는 '명문의 혈통'을 상징한다. 단어의 영문적 의미처럼 '슬픔'과 '우울'을 나타내기도 한다.

　노랑은 '태양'을 상징한다. 옛날 중국에서는 노랑을 '황제'의 색으로 사용하면서 일반인의 사용을 금지하기도 했다. 로마에서도 한때 노랑은 '고귀'한 색으로 사용되었는데, 이후 유다가 노란 옷을 입었다는 기록에 의해 '악당', '겁쟁이'라는 의미도 갖게 되었다. 저속하고 천박한 언론의 행태를 옐로 저널리즘이라고 하는 것도 비슷한 맥락이다.

　보라는 '고귀'하고 또한 '장중'하며 '엄숙'한 느낌의 색이다. 옛날 중국에서는 위계를 나타낼 때 보라를 '최고위층' 색으로 사용했다. 그리스 로마 시대에도 보라는 '국왕'의 색으로, '법왕'이나 로마교황의 '최고' 고문의 색으로 사용되었다. 지금도 보라의 집안

그리고 어떤 색을 접했을 때,
우리는 특정한 형상이나 의미의 상징을
자연스럽게 연상하곤 한다.
이처럼 색채가 주는 정서적 반응은
사회적인 관습으로 이어지는 경우가 많다.

이라고 하면 고귀한 사람의 집안을 가리킨다.

하양은 '순결', '결백'을 의미하며 '평화', '신성', '선함'을 상징한다. 중국과 인도에서 흰 코끼리, 흰 소 등 하얀 동물은 '행운', '신성' 등을 의미한다고 여기며 존중받았다. 흰색은 또 '침묵의 반대어'로도 사용되는데, 현재도 사용하는 자백, 백서라는 단어가 바로 여기에서 유래했다. 백기를 흔들어 항복을 나타내는 관습에서 볼 수 있듯 '진실'하며 '거짓이 아니'라는 의미를 갖고 있다.

검정은 불길한 색으로 '악', '침묵', '지옥'을 나타낸다. 감시가 필요한 위험인물들의 명단, 이른바 '블랙리스트'라는 단어를 보아도 검정이 주는 이미지를 잘 알 수 있다.

색이 지닌 상징은 사물의 메시지를 전달하는 매개적 작용을 하는데, 이를 '컬러 마케팅'이라고 한다. 제품에 맞는 색깔 선택은 제품의 효능을 가시적으로 드러내준다. 색만 보고도 한눈에 이미지 파악이 가능한 것이다. 컬러 마케팅은 한마디로 '컬러로 고객의 마음을 사겠다'는 전략이다. 컬러는 경제성 있는 고부가 가치의 디자인 요소인 것이다.

이론상으로 소비자들은 상품을 살 때 87%가 시각 이미지에 영향을 받는다고 알려져 있다. '몸이 열 냥이면 눈이 여덟 냥'인 셈이다. 브랜드를 단숨에 알릴 수 있는 선명한 컬러는 소비자들의 시각을 효과적으로 자극하는 인터넷 마케팅의 또 다른 얼굴이다.

실질적인 컬러 마케팅은 1920년대 파커 사가 여성을 위한 빨간색 만년필을 내놓으면서 시작되었다. 우리나라에서는 LG전자의 초콜릿폰, 인터넷 기반의 대표주자 네이버의 초록색이 컬러 마케팅의 대표적인 성공 사례다. 초콜릿폰은 검은 바탕에 빨간색 터치패드의 세련되고 따뜻한 느낌이 끌었으며, 네이버는 특유의 초록색을 전면에 내놓으며 이 색만 봐도 네이버 검색창이 떠오르는 강한 인식을 심어주었다.

상품의 고급화를 추구할 때는 보라색이나 와인색을 많이 쓴다. 와인색은 비밀스러운 이미지로 소비자의 마음을 자극한다. 보라색은 하늘을 뜻하는 파란색과 인간을 뜻하는 빨간색을 혼합한 것으로 고귀함이나 부를 상징하며 왕실이나 종교계에서 자주 사용했다. 베이지색은 편안함을 주는 색이다. 예전에는 병원들이 딱딱하고 권위적인 하얀색을 주로 사용하다가 요즘엔 휴식과 안정을 주는 베이지색을 쓰고 있다. 고급 빌라나 아파트에는 회색과 파란색을 많이 쓰는데, 휴식과 활력의 의미를 담고 있다. 트렌드 분석가 캐시 라만쿠사Cathy Lamancusa는 "소비자가 제품을 보고 느끼는 첫인상의 60%는 색으로 결정된다."라고 말하기도 했다.

'양의 삶'에 기반한 자본주의의 이데올로기가 '질의 삶'으로 전환하면서 기업 또한 컬러의 중요성에 더욱 주목하고 있다. "음식은 눈으로 먼저 먹는다."는 말처럼, 컬러 마케팅은 음식 산업에서 특히 각광받고 있다.

CJ는 '햇반'을 빨간색으로 포장해 식감을 자극했고, 인스턴트 카레 '인델리'를 출시하면서 토마토와 시금치 등 원재료의 천연색을 살렸다. 기존의 노란 카레와 차별성을 준 것이다. 풀무원은 로고와 제품 포장 등에 자연을 상징하는 초록색을 사용해 브랜드 이미지를 관리하고 있으며, 인터넷 마케팅에서도 메인 컬러로 내세우고 있다. "치즈는 노란색이 아닙니다."라는 카피로 식용 색소를 가미하지 않았다고 홍보한 남양유업의 '다빈치'도 컬러 마케팅의 성공 사례로 꼽힌다.

제약 시장의 경우 SK제약이 출시한 '트라스트'는 세계 최초 관절염 치료 패치라는 제품의 특성을 연령대 높은 소비층이 쉽게 인식할 수 있도록 '노란 약 캠페인'을 벌였다. 패치에 사용되는 소염진통 약물이 노란색을 띄는데, 무색의 약물에 비해 노란색 약물이 더 진하고 강한 약효를 지녔다고 홍보한 시중 약국에서 제품 이름 대신 "노란 약 주세요."라는 주문이 전체의 절반 이상을 차지했다고 한다. 노란색 하나만으로 경쟁사와의 자연스러운 차별화에 성공한 것이다.

한편 노란색하면 떠오르는 세계적인 브랜드 3M의 '포스트잇'

역시 컬러 마케팅의 표본이라고 할 수 있다. 전 세계를 사로잡은 이 노란색 종이 한 장은 별도의 마케팅 없이 자신들의 브랜드를 확실하게 각인시켰다.

애플의 사과에
무엇이 담겼나

상징은 기표記標와 기의記意 사이에 실제적으로는 아무 유사성이 없는, 자의적이고 관습적인 것이다. 따라서 특정 문화 안에서 학습되지 않으면 기표와 기의의 관계가 이해될 수 없다. 똑같은 사물이나 손짓 같은 동작도 각 문화권마다 다른 의미를 나타낼 수 있다. 그만큼 상징은 맥락의 연결성이 크다. 그래서 상징은 그 안에 숨어 있는 사회 문화적 의미를 읽어내는 또 다른 재미를 우리에게 선사하기도 한다.

사과를 예로 보자. 사과의 가장 유명한 상징은 '아담과 이브의 사과'다. 오랜 옛날부터 사과는 유혹의 상징으로 대표되었다. 두 번째는 "내일 지구의 종말이 와도 오늘 한 그루의 사과나무를 심겠다."라고 했던 스피노자의 사과다. 세 번째는 역시 널리 알려진 동화 속 백설공주의 사과다. 새엄마인 왕비가 백설공주를 잠들게 한 사과는 미와 질투의 상징이 되었다.

그리스 신화에도 황금 사과에 관한 이야기가 있다. 바다의 여신 테티스의 잔치에 초대되지 못한 싸움의 여신 에리스는 미의 여신 아프로디테, 최고의 여신 헤라, 전쟁의 신 아테네를 향해 가장 아름다운 여신에게 바치는 황금사과를 던진다. 이로 인해 그리스와 트로이 사이에 길고 긴 전쟁이 시작되고, 결국 앞에서 언급한 목마 때문에 트로이가 망하게 된다. 여기서 사과는 갈등과 분열의 상징이 된다.

만유인력의 사과도 빼놓을 수 없다. 후세 사람들이 지어낸 이야기라고도 하지만, 사과가 떨어지는 것을 목격한 아이작 뉴턴 Isaac Newton이 이로부터 만유인력의 법칙을 발견했다는 이야기는 한 번 들으면 잊지 못할 만큼 인상 깊다. 여기서 사과는 과학과 이성의 상징이 될 수 있다.

21세기의 사과는 한 입 베어 먹은 모양이 익숙하다. 이 사과는 바로 우리에게 익숙한 애플의 로고이다. 이 모양은 수학의 아버지 앨런 튜링Alan Mathison Turing을 기리기 위해 만든 로고라는 이야기가 있는데, 기막힌 배경 스토리는 뒤에서 다루기로 한다. 어찌됐든 애플의 사과는 다양한 혁신과 창의성의 상징으로 자리를 잡았다. 이처럼 하나의 개념은 비유와 상징에 의해 수만 가지의 새로운 개념으로 다시 태어난다.

| logo d'origine
Ron Wayne | 1977 à 2001
Rob Janoff | logo Produits
depuis 2001 | variante "Aqua"
2001-2003 | variante "Chromée"
depuis 2003 |

● 애플의 로고는 초창기를 제외하고 형태는 변하지 않았다. 주력 제품이 나올 때마다 아
이덴티티를 부여해 표현했을 뿐이다. 1977년 애플Ⅱ가 첫 컬러모니터를 도입한 가정용
PC였기 때문에 무지개 색으로 나타냈고 2000년 이후부터는 미니멀리즘을 강하게 어필하
며 아이팟, 아이폰, 맥북 등의 제품들과의 질감과 색감을 연상할 수 있게 모노크롬, 아쿠아
버전으로 바꾸고 있다.

　상징은 기업 브랜딩에도 상당히 효과적으로 사용된다. 특히 한
브랜드의 이미지에 큰 영향을 미치는 CI나 BI의 경우 어떤 상징
물을 적극적으로 활용하고, 그 상징을 로고로 사용해 다양한 의
미를 부여할 수 있다는 점에서 매력적이고 강력한 장치다.

　이 맥락에서 다시 애플의 로고를 살펴보자면 나무에서 갓 따낸
듯 잎사귀 하나가 살짝 붙어 있는 탐스러운 사과의 한 쪽 귀퉁이
는 누가 한 입 베어 문 것처럼 움푹 패여 있다. 디자인만으로도
충분히 호기심을 불러일으키는 이 로고는 그 유래에 대한 다양한
루머를 만들어냈다.

　개중에서 가장 자극적이고 흥미로운 이야기는 초창기 컴퓨터

의 선구자였던 수학자 앨런 튜링에 얽힌 사연이다. 제2차 세계대전 당시 독일군의 암호를 해독하는 기계를 발명한 천재 수학자였던 그는 큰 업적에도 불구하고 당시 금기시되던 동성애자라는 이유로 법원에 서고 결국 화학적 거세라는 치욕적인 판결을 받게 됐다. 안타깝게도 그는 사과에 청산가리를 주입하고는 한 입 씹어 삼키며 자살을 택했다. 그런데 애플이 생겨나며 CEO인 스티브 잡스가 컴퓨터의 아버지격인 튜링을 기리는 마음에서 한 입 베어 문 사과 모양의 로고를 만들었다는 풍문이 나왔다.

그보다 정설로 인정되고 있는 이야기는 조금 다르다. 애플 설립 당시는 회사 홍보를 위한 수단이 지금처럼 다양하지 않아서, 전화번호부가 비즈니스를 널리 알리기 위한 중요한 매개체였다. 초창기부터 브랜딩에 탁월했던 스티브 잡스는 알파벳순으로 정렬된 전화번호부에서 가급적 최상단에 노출되기 위해 회사명을 고심했고, 특히 컴퓨터 게임을 주로 만들던 아타리Atari라는 회사보다 더 앞에 노출될 수 있도록 애플Apple이란 단어를 선정했다는 것이다.

진실이 무엇이든, 애플 로고는 사과 자체가 갖고 있는 상징성 때문에 더욱 자극적인 매력을 지닌다. 애플의 제품과 서비스, 브랜드 자체가 지닌 다양한 사회문화적 함의는 많은 사람의 관심을 이끌어내고, 이처럼 많은 이야깃거리를 만들어낼 수 있는 원천이 되었다. 애플의 그 독특한 회사명과 로고는 그 자체만으로도 충분히 상징적인 존재가 되었다.

반면 국내의 CI나 BI들을 살펴보면 애플처럼 '다양하게 해석될 여지가 있는 디자인'을 로고로 삼은 곳을 찾아보기 힘들다. 애플의 경쟁자 삼성전자의 로고에는 'SAMSUNG'이라는 회사명의 타이포그래피 외에 추가적인 이미지가 사용되지 않고 있다. 〈나는 가수다〉라는 자부심 강한 프로그램 타이틀처럼, 삼성전자는 그저 '내가 삼성이다'라는 일종의 자신감을 내비치고 있는지도 모른다.

하지만 전 세계에 동일하게 적용되는 디자인 이미지라는 점에서 CI와 BI는 브랜딩에서 절대 간과할 수 없는 무기다. 그런 측면에서 삼성전자의 로고는 조금 아쉽다. 다양한 이야깃거리를 생산할 수 있는 여지를 놓친 것 같기 때문이다.

사실 삼성뿐 아니다. 국내 기업들의 로고를 보면 사회에 널리 퍼진 이미지와 상징을 활용하는 데는 조금 인색한 측면이 있다. SK그룹은 깔끔한 타이포그래피 옆에 '행복 날개'라는 이미지를 붙여 기업의 지향과 가치를 표현했다. 그밖에도 구 안에 뭔가를 움켜쥔 것 같은 손 모양이 들어 있는 신한은행 로고, 세계 속에 빛나는 별이 되겠다는 국민은행의 별 표시 등 소극적으로 추상화된 이미지를 활용한 사례가 있다. 그러나 말 그대로 '누가 봐도 사과임을 알 수 있는 이미지'를 적극적으로 활용하고 있는 기업은 많지 않다. 기업의 가치관은 자의적으로 해석되어서는 안 되며, 기업이 생각하는 방식 그대로 전달하는 편이 기업 이미지 관리에 안전하다는 판단에서일까? 소극적인 기업의 리스크 관리 마인드가 이런 로고의 틀을 낳은 걸까?

이제는 소셜미디어의 시대다. 기업들은 이런 미디어를 활용해 고객들에게 더 가까이 다가가야 한다. 어떤 상징을 이용해 고객에게 감동과 친숙함을 제공할 것인지 지속적으로 고민해야 한다. 브랜드의 이야깃거리들이 될 수 있는 상징적 요소들을 단서처럼 소셜 채널 등에 하나둘 유포하고, 이것이 자발적으로 고객들 사이에서 회자될 수 있도록 유도하는 방식이 좋다. 물론 그를 위해서는 다양한 상징적 요소를 고려한 기업명이나 제품명이 우선되어야 하겠지만 말이다.

가장 축약된
그래픽 상징

문자와 이미지라는 도구를 이용해 메시지를 시각적으로 표현하는 것을 그래픽 디자인이라고 한다. 선사시대의 동굴 벽화로부터 시작해 인류의 가장 큰 업적 가운데 하나인 인쇄물을 거쳐, 오늘날 아이폰 같은 첨단 디지털 미디어의 애플리케이션에 이르기까지 다양한 방식으로 표현되어 왔다. 그 가운데에서도 특정 집단을 표현하는 가장 축약된 그래픽 디자인 언어가 있다. 그것이 바로 로고다.

기업, 단체, 정부의 아이덴티티를 모든 사람이 쉽게 이해할 수 있도록 설명하는 것은 매우 까다로운 일이다. 그리고 때로는 한눈에 그리고 순식간에 그 복잡한 특정 집단을 식별해야 하는 경우가 있다. 예를 들어 소나 양처럼 가축을 방목하여 키울 때, 농장 주인은 다른 농장의 가축과 구별하기 위해 자기 소유의 표식을 만들어야 했다. 브랜드 로고의 탄생 배경이다.

브랜드의 역사는 문자의 역사만큼이나 오래되었다. 약 3천 년 전에 존재했던 이집트 왕조의 한 무덤에서 이런 브랜드가 표시된 소의 그림이 발견됐다. 이는 오늘날 우리가 사용하는 로고의 발전을 설명하는 커다란 축 가운데 하나다.

로고 디자인 발전의 또 다른 축은 유럽 중세의 문장紋章이다. 문장은 각 지역의 영주나 유력한 가문의 상징으로 발전했다. 특히 문장은 전쟁터나 각 영주를 대표하는 기사들이 무술을 겨루는 경기에서 중요한 역할을 했다. 투구와 갑옷으로 완전 무장을 한 중세 기사들은 누가 누군지 구별이 쉽지 않았다. 이때 각 선수를 구별하는 유일한 방법이 갑옷이나 방패에 저마다 새겨진 문장이었

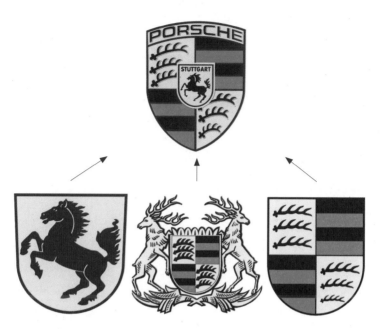

● 로고 디자인은 유럽 중세시대의 문장紋章으로부터 기원된 것이라고 볼 수 있다. 형태는 보통 이스커쳔(방패형)이 기본이고, 여러 가지 도안과 무늬를 넣는다. 포르쉐의 로고는 독일 중세에 쓰였던 뷔르템베르크 주의 문장과 슈투트가르트의 문장이 결합된 디자인이다. 포르쉐가 처음 세워진 곳이 뷔르템베르크 주의 슈투트가르트라는 점을 상징한 것이다.

다. 'A Coat of Arms'라고 하는 문장은 대개 방패 모양인데, 방패를 서로 다른 선과 면으로 분할하고 여러 가지 다양한 색으로 칠해서 그 차이를 나타냈다. 문장은 또한 전쟁터에서 아군과 적군을 구분하는 표시로, 아군에게는 사기를 고취하고 적군에게는 두려움을 주는 역할을 했다.

이러한 방패 모양의 문장은 현대 유럽과 북미의 많은 기업, 단

눈에 보이지 않을 정도로
작은 광고판이더라도
이미지가 반복되면
사람들의 머리에 각인되고
곧 그 기업에 대한 신뢰로 이어진다.

체, 도시, 스포츠 구단의 로고에 그 흔적을 남겼다. 포르쉐, 사브, 리뉴얼되기 전의 BP, UPS 등 수많은 기업 로고는 이 문장의 양식을 따라 디자인되었다. 또한 많은 유럽 축구 클럽과 각국 축구 대표팀의 로고 역시 중세의 문장 디자인을 근간으로 하고 있다.

　로고의 기능은 여러 가지가 있다. 첫째는 소유의 표시다. 문장이 기원이라는 점으로 따지자면 '이 동물, 이 물건, 이 토지, 이 성, 이 집은 누구의 것이니 함부로 하지 마라.'라는 의미다. 둘째는 기원과 원형의 표시다. 구텐베르크가 금속 활자를 발명한 뒤, 출판업자들은 그 책을 누가 인쇄했는지 알기 위해 특정한 상징물을 표시로 남겼다. 이는 가짜와 진짜를 증명하는 중요한 구실을 했다. 셋째는 자긍심의 표시다. 이는 소유나 기원을 표시하는 실용적이고 구체적인 기능이라기보다 심리적인 효과라고 할 수 있다. 장인들이 자신이 만든 물건임을 증명하기 위한 표식을 말한다. 오늘날의 명품 브랜드 로고는 그것을 생산한 사람은 물론, 소유한 자들에게도 자신을 차별화하는 긍지의 상징으로서 대단히 중요한 역할을 하고 있다. 넷째는 책임감과 투지를 불어넣는 기능이다. 특히 전쟁터 같은 극한 상황에서 더욱 절실하게 요구되는 게 바로 이 기능이다. 군인들은 힘차게 펄럭이는 국기의 움직임에 사기가 올라 목숨 건 전투에 임한다. 그래서 역사적인 전쟁의 현장에서 보면 총칼을 들지 않은 기수의 역할이 특히 중요했다. 전쟁이 빈번할수록 상징물을 만드는 기술은 발전한다. 중앙집권화가 덜 된 중세 유럽과 전국시대의 일본에서 이러한 상징물이 발전한 것도 이 때문이다.

현대 기업의 로고는 로고의 현실적이고 구체적인 기능, 심리적인 기능을 모두 충족해야 한다. 기업들은 대외적으로 자신의 정체성을 알리는 목적만큼이나 기업 내 직원들의 사기와 공동체 의식을 높이고자 CI 작업을 중요시한다. CI는 로고를 새롭게 만들고, 이를 기업 대내외의 모든 의사소통 양식에 일관되게 적용하는 일이다.

소비자는 로고를 통해 해당 기업의 문화적 정체성을, 말로 표현하기 어려운 어떤 이미지를 떠올린다. 전통, 젊음, 혁신, 보수, 힘, 신뢰 등등의 이미지들이 추상적으로 압축된 로고에 담겨 있는 것이다. 그렇게 정해진 로고는 한두 번 쓰고 마는 것이 아니다. 적게는 수년에서 길게는 수백 년에 걸쳐 지속된다. 유서 깊은 서구의 대학 로고와 도시 로고는 수백 년이 넘도록 변함없이 쓰이고 있다.

기업 로고는 시대 변화에 따라 변모해야 하므로 이보다는 자주 바뀌지만 그 핵심 이미지, DNA는 바뀌지 않고 지속되는 경우가 많다. 기업과 정부의 로고는 한번 정해지면 수많은 대상에 적용되며 대중과 의사소통을 해야 한다. 작게는 명함에서부터 각종 서식, 자동차, 건물, 매장, 기업이 판매하는 물건 등 많은 접점에 쓰인다. 따라서 로고는 대단히 신중하게 결정되어야 하며, 그만큼 제작에 큰 비용이 들어간다.

오늘날 로고는 기업의 중요한 자산이다. 치열하게 벌어지는 기업들의 전쟁 가운데 한 가지는 '대중매체에 얼마나 빈번하게 자신의 로고를 노출시키느냐'다. 유명 스포츠 경기의 선수 유니폼과 경기장 광고판은 어김없이 기업의 로고로 가득 차 있는 것이 그 대표적인 예다. 다양한 행사장에는 협찬이라는 명목으로 기업의 로고가 전면에 드러나기도 한다. 눈에 보이지 않을 정도로 작은 광고판이더라도 이미지가 반복되면 사람들의 머리에 각인되고 곧 그 기업에 대한 신뢰로 이어진다. 로고 디자인은 크기는 작지만 우리 일상에서 아주 강한 힘을 발휘할 수 있다.

공익적일수록
자극적이라는 역설

공익 캠페인은 사회의 공공성과 윤리성이라는 메시지 담아내는 뚜렷한 목적을 가진다. 따라서 공익광고 메시지는 소비자들에게 매력적으로 다가오기가 쉽지 않다. 그래서인지 광고를 제작하는 사람들로 하여금 많은 고민을 하게 만드는 분야다. 이런 공익 캠페인의 틀을 깨는 시도들이 나오고 있으니 바로 '상징을 통한 충격요법'이다. 자극적이면서도 메시지 내용을 함축적으로 담을 수 있는 상징을 사용, 소비자에게 충격을 주면서 메시지를 각인시키는 것이다.

다음은 세계 각국의 '어린이 학대 예방 광고 캠페인'이다. 같은 메시지지만 나라에 따라 어떤 상징을 통해 다르게 표현되는지 살펴보고자 한다.

"Beware of Child Abusers in Your Neighbourhood(당신 이웃의 아동 폭력을 조심하라)."

인도의 원 인디아 원 피플One India, One People 재단에서 실시한 아동 성폭력 범죄 예방 캠페인의 카피이다. 얼핏 보면 그냥 지나치기 쉬운, 너무도 친숙한 어린이들이 좋아하는 간식 브랜드들의 이미지를 차용해 상징화시켰다.

"Unzip Trousers(바지 지퍼 좀 내려 봐)."

"What's under your frock(원피스 밑에는 뭐가 있니)?"

"Sit on my Lap(내 무릎에 좀 앉아보렴)."

뉴스에서 보듯 아동학대의 위험은 늘 먼 곳에 있지 않다는 의

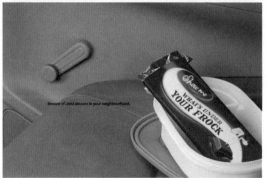

• 인도의 원 인디아 원 피플 재단이 진행한 아동 성폭력 예방 캠페인에서 '당신의 이웃'이
라는 친숙함과 아동을 위한 것이라는 점을 상징적으로 보이기 위해 과자, 아이스크림 등
을 이미지로 이용해 더 큰 경각심을 불러일으켰다.

• 2012년 브라질 리우 카니발 때 아동성범죄 방지를 위해 마리아나시청에서 집행한 캠페인은 피에로 분장을 한 아이들이 검은 눈물을 흘리는 모습을 보여줌으로써 이중적으로 상징했다.

미를 부각시키기 위해 바로 옆 '너의 이웃들'을 자세히 살펴보라는 메시지와 함께 아이들이 먹다 버린 아이스크림, 초콜릿, 프링글스의 비주얼로 시선을 끈다. 더불어 익숙한 브랜드 네임 대신에 들어가 있는 자극적이면서도 충격적인 문구를 발견하도록 장치해, 보는 사람들로 하여금 자신과 주위를 돌아보도록 유도하고 있다.

"During Carnival, There's Joy Everywhere. Except in Some Children's Face. Sexual Intercourse With Children is a Crime(축

• 2009년 폴란드에서는 아동을 깨지기 쉬운 도자기 인형으로 상징해, 아동 보호에 대한 메시지를 고취시켰다.

제 기간 동안 모두가 즐거워합니다, 몇몇 어린이들을 제외하고는. 아동 성매매는 불법입니다)."

브라질에서 유명한 것 중 하나는 세계 3대 축제 중 하나인 리우 카니발이다. 하지만 이 화려함 뒤에는 아동 성범죄를 비롯한 각종 범죄라는 어두움이 공존하고 있다. 브라질 마리아나 시청에서 제작하고 집행한 이 어린이 학대 방지 캠페인은 성폭력을 비롯한 여러 학대와 범죄에 시달리는 아이들의 고통을 광대의 눈물로 상징화했다.

"You can lose more than patience(당신의 참을성 그 이상을 잃을 수 있습니다)."

폴란드 비정부기구에서 제작한 아동 학대 방지 공익 캠페인이다. 이 카피와 함께, 학대와 폭력으로 아이가 받게 될 상처를 마치 도자기 인형처럼 부서진 아이들로 상징화해 보는 이로 하여금 안타까움이나 안쓰러움을 느끼게 표현했다고 할 수 있다.

한 끗 차이의
절묘한 상징

드라마 〈미생〉 열풍은 여전히 식지 않는다. 직장인의 속 깊은 이야기를 제대로 표현해낸 덕분이리라. 특히 〈미생〉이 한창 인기몰이를 하던 시점에 취업 포털 사이트 잡코리아는 "보내고 싶은 그들에게 추천하라." 시리즈의 광고를 선보였다. 같은 관점의 유사한 상징화 사례다.

직급의 명칭과 일반명사를 한 끗 차로 조정해서 부정적인 감정을 웃음과 재미로 승화시켰다. 특히 '밧데리'와 '제사장' 등은 그 자체가 고유하게 갖는 성질들을 사람으로 비유해 상징화하는 데 성공했다. 이처럼 상징이 사람의 성격과 특성으로 묘사되면 더 쉽게, 더 빠르게, 더 정확하게 말하려는 것을 전달할 수 있다. 수

- 사원 편 "사사건건 감시하고 고자질하는 그대는 사원인가 감사원인가?"

- 대리 편 "밥만 먹으면 방전되는 그대는 대리인가 밧데리인가?"

- 과장 편 "신입 때 두 달 연속 밤 새웠다는 그대는 과장인가 극極과장인가?"

- 이사 편 "책임질 일에는 나 몰라라 하는 그대는 이사인가 '남이사'인가?"

- 사장 편 "실현 불가한 주문을 외는 그대는 사장인가 제사장인가?"

백 마디의 설명보다 한 번의 비유와 상징이 더 큰 효과를 가져 오기도 한다.

직설적인
상징의 힘

암환자 구호단체에서 진행하는 금연 캠페인은 강렬하기로 유명하다. 금연이라는, 다소 지루한 주제를 직설적으로 본능을 자극하는 상징으로 메시지를 전달한다. 예를 들면, 흡연 중인 사람의 몸을 담배로 묘사해 하얀 연기를 내며 사라지는 장면을 연출하고 "흡연은 체중을 줄여줍니다(한 시간에 폐 하나씩)."이라는 직구를 날리는 듯한 슬로건 한 줄로 경각심을 높인다.

그중 눈에 띄는 것을 꼽는다면 흡연실 천장에 그려진 금연 캠페인 포스터이다. 이곳에서 담배를 피우다가 올려다보면 천장에서 내려다보는 사람들과 눈이 마주친다. 그 그림 속 사람들은 모두 엄숙하고 슬픈 표정이고 가운데 사람이 장례식을 진행하는 모습이다. 무덤에 묻히기 직전 상황을 땅속에서 보이는 시선으로 그린 포스터인 것이다. 이 그림 하나를 천장 벽에 붙임으로써, 흡연과 죽음을 직접 연결하는 상징으로 표현해 강렬한 효과를 보인 사례였다.

• 무덤에 묻히는 기분을 간접적으로 느끼게 하는 이 그림을 보며 마음 편하게 담배를 피우는 사람은 많지 않을 것이다. 흡연이 곧 죽음이라는 직설적인 상징이 주는 시사가 강렬하다는 것을 잘 보여주고 있다.

이런 직설적인 상징은 강한 인상을 남긴다. 사실 이런 방식은 특히 브랜드의 강점을 확실하게 부각시키기에 가장 효과적이다. 페라리와 람보르기니의 상징이 각각 경주마와 황소라는 것도 그 예가 된다. 두 브랜드 모두 세계 최고의 스포츠카를 생산하는 브랜드로써 힘 좋고, 빠른 동물을 상징화하여 스포츠카의 핵심 기능인 마력과 토크를 직접적으로 보여줬다.

즐거움의 왕국
코카콜라

코카콜라가 고객들을 만나는 다양한 접점 가운데 가장 쉽고 용이한 통로는 바로 자판기다. 코카콜라는 이 부분을 놓치지 않고 자판기와 고객이 소통하는 마케팅을 여러 차례 시도했다. 그럴 때마다 대중의 반응은 매번 뜨거웠다.

그 첫 번째는 '해피니스 머신', 말 그대로 행복을 전해주는 자판기다. 겉보기에는 평범한 코카콜라 자판기지만, 동전을 넣고 음료수를 선택하는 순간 행복이 쏟아지는 마법이 일어났다. 코카콜라를 한 개만 뽑으려고 했지만 계속해서 코카콜라가 나오고, 결국은 혼자 들고 있을 수도 없어 주위 사람들에게 나눠주어야 하는 상황이 되는 것이다. 돈 내고 코카콜라를 선택한 사람뿐 아니라 주변의 사람들까지도 행복하게 되었다. 여기서 끝이 아니다. 자판기에서 꽃 한 다발이 나오기도 하고, 손이 등장해 코카콜라를 직접 따서 따라주기도 한다. 풍선으로 만든 강아지도 나오고, 혼자서는 절대 먹을 수 없는 크기의 피자와 햄버거까지 나온다. 이름 그대로 예상 못한 행복을 주는 기계다. 코카콜라 자판기를 통해 사람들이 행복해하는 모습은 유튜브 영상으로 제작되어 성공적인 바이럴 마케팅을 이끌어냈다.

두 번째 기획은 '프렌드십 머신'이다. 이 자판기는 라틴 아메리카의 '우정의 날Friend's Day' 기념일에서 아이디어를 얻었다. 사람들이 많은 쇼핑센터에 높이가 무려 3.5m에 달하는 프렌드십 머신이 설치되었는데, 코카콜라를 뽑아 마시기 위해서는 반드시 두 명 이상이 필요했다. 사람들은 서로 목마를 태우기도 하고 어깨를 밟고 올라서도록 도와주기도 했다. 코카콜라를 뽑는 데 성공하면, 자판기에서 두 개의 코카콜라가 나왔다. 그들의 작은 협동을 즐거움으로 만들어준 것이다. 사람들은 프렌드십 머신으로 우정을 확인하고 격한 포옹을 했다. 라틴 아메리카의 7개 나라에서 이런 이벤트를 벌여 수천 명이 이 같은 자판기를 통해 우정의 날을 축하했고, 9시간 동안 자판기 한 개당 800개의 코카콜라가 팔렸다. 프렌드십 머신을 경험한 소비자들은 소셜미디어와 블로그에 자신의 경험을 전하는 행복한 바이럴 마케터가 되었다. 우정의 상징인 셈이다.

세 번째 코카콜라의 특별한 자판기는 '허그 미 머신'이다. 생김새부터 남다른 이 장치는 동전을 넣는 곳도, 음료수 선택버튼도 없다. 단지 '허그 미'라는 메시지와 코카콜라를 받을 수 있는 구멍이 있을 뿐이다. 이 자판기를 발견한 사람들은 한 명씩 다가가 두 발을 벌려 자판기를 안아본다. 그리고 그때마다 코카콜라가 하나

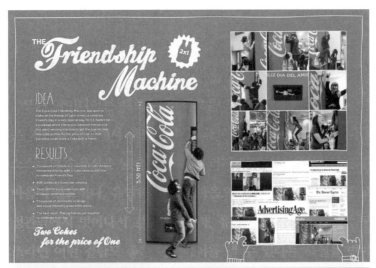

• 콜라만큼 일상에서 친숙한 것은 없다. 코카콜라는 그 점을 부각해 행복, 친구, 애정 같은 밝고 경쾌한 이미지를 결합해 대중에게 더욱 가깝게 다가간 것이다.

씩 나온다. 사람들이 자판기를 포옹하는 모습은 유튜브 영상으로 제작되었고 수많은 SNS 계정을 통해 널리 퍼져나갔다. 이는 고객들에게 친근함과 사랑을 전하는 의미를 보여줌으로써 성공적인 바이럴 마케팅 사례가 되었다.

클래식의
힘

미국 일리노이 주에 본사를 둔 농기구 산업장비 제조회사 디어앤드컴퍼니는 '농기구 제조업체'라는 기업 속성보다 사슴 로고를 이용한 패션 아이템이나 골프 대회 그리고 농업 박물관인 '존디어 파빌리온' 등으로 더욱 알려진 기업이다. 디어앤드컴퍼니는 실제로 고가의 건설장비와 농기구를 생산하고 판매하는 전형적인 B2B 기업이지만, 한편 B2C 성격의 브랜딩을 하는 기업이기도 하다. 소비재를 판매하는 기업이 아니었음에도 긍정적이고 우호적이며 친근한 기업 이미지를 고취시키려는 그들의 의도는 대단히 적극적이었다. 어떤 디자인적 요소도 있지 않은 가장 기본적인 사슴 모양을 한 로고로 유행과 무관한 라운드 티셔츠와 캡모자를 부수적으로 만들어 홍보의 상징으로 삼아 디어앤드컴퍼니 제품의 견고함과 강인함을 인식시켰다.

하나의 대상 또는
현상에 대해 골몰할 때
가장 먼저 그것의 본성을
이해하는 것부터 시작하자.
그러면 생각의 방향을 어떻게 잡든
그 본연의 가치나 의미를 지킬 수 있다.
또한 어떤 상징으로 표현되든
본질을 해치지 않을 수 있다.

다른 예로 마니아층을 확보한 의류 브랜드 폴스미스의 클래식한 아이덴티티를 잘 표현하고 있는 것은 그들만의 무지개 색 스트라이프 문양이다. 폴스미스 제품 곳곳에는 이 무지개 색 스트라이프 문양이 들어가 있는데, 패션 브랜드로서의 세련미를 통해 다양한 분위기를 연출할 수 있게 한다.

우리나라에서 캐주얼 선호 브랜드로 10년 넘게 1위를 차지하고 있는 폴로도 대표적인 클래식의 상징이다. 브랜드의 본질은 필요가 아니라 욕망이라는 말처럼 폴로의 성공은 사람들의 욕망을 자극했던 데 있다. 사람들의 욕망을 자극하는 폴로의 상징은 '상류사회'다. 이 셔츠 왼쪽의 위쪽에는 폴로 경기를 하는 사람들이 그려져 있다. 폴로는 품격을 갖춘 스포츠라는 이미지가 강한데, 거기에 더해 '스마트하고 품격 있는 젊음'이라는 상징성을 앞세웠다. 욕망의 자극은 소비로 이어진다는 것을 잘 보여주는 브랜드다.

유록화홍柳綠花紅, 푸른 버들은 푸르고 꽃은 붉다는 뜻으로 있는 그대로 본질은 영원하다는 걸 의미하는 말이 있다. 오랜 시간에도 변하지 않는 것에는 그만한 이유가 있다. 기본에 충실하고 그 본연의 가치를 잃지 않아서이다. 빛바랜 청바지가 시간이 갈수록 청바지답게 터프한 멋을 내는 것처럼 말이다.

생각하는 것도 마찬가지다. 하나의 대상 또는 현상에 대해 골몰할 때 가장 먼저 그것의 본성을 이해하는 것부터 시작하자. 그러면 생각의 방향을 어떻게 잡든 그 본연의 가치나 의미를 지킬 수 있다. 또한 어떤 상징으로 표현되든 본질을 해치지 않을 수 있다.

확실한 상징에는
유효기간이 없다

생각의 결합을 통해 어떤 결론이나 아이디어를 만들었을 때, 문제가 따른다면 이 결합을 끝까지 유지하는 것이 옳을까 아니면 적절하게 포기하는 것이 옳을까?

여기서 '유지'와 '포기'를 결정할 때의 기준은 '창의성'과 '합목적성'이다. 결합을 통해 소기의 목적이 잘 달성되고 있다면 어떤 경우에도 유지해야 한다. 반대로 적지 않은 비용과 과정을 통해 만들어진 결합이 목적 달성에 도움이 되지 못하고 있다면 포기가 빠를수록 좋다. 그래야 또 다른 새로운 결합을 만들 수 있기 때문이다.

세계에서 가장 유명한 담배 브랜드 말보로는 1950년대만 해도 카멜이나 럭키 스트라이크의 인기를 쫓아오지 못했다. 그 판도를 바꾸어놓은 것은 말보로의 패키지 디자인과 '마초맨' 광고 전략이다. 말보로의 역사는 1854년, 런던에 담배 가게를 연 필립 모리스Philip Morris가 자신의 공장 지명을 브랜드화하여 '말보로우'라는 이름의 담배를 판매한 데서 출발했다. 철자를 단순화해 지금과 같은 브랜드 이름으로 된 것은 1924년이다. 사실 말보로는 처음부터 마초적인 남성 이미지가 강한 브랜드는 아니었다. 오히려 초창기 말보로는 여성 흡연자들을 겨냥하여 'Mild As May(5월처럼 부드러운)'이라는 슬로건을 내걸어 판매했다. 그러나 시장의 반응은 시큰둥했다.

1955년에는 패키지를 바꾸고 광고 대행사 레오 버넷Leo Burnett에 의해 '말보로 맨'으로 광고 캠페인을 벌이면서 판도가 완전히 달라졌다. 미국 개척 정신의 상징인 광활한 서부를 배경으로 등장한 카우보이는 미국인들의 향수를 자극했다. 여기에 새로 도입된 패키지는 말보로에 특별함을 더했다. 내용물인 담배를 보호하고자 도입한 하드 팩도 혁신적이었지만, 담뱃갑 상부 전체의 뚜껑이 개폐되는 플립탑이라는 획기적인 방식은 레드 루프라는 별칭까지 얻으며 큰 인기를 끌었다. 정열적인 붉은 바탕에 담배의 길쭉한 모양을 닮은 가늘고 긴 로고, 그리고 집을 상징하는 삼각형 라인이 어우러진 패키지 그래픽은 말보로의 매력을 배가했다. 대대적인 혁신이 성공하며 말보로는 이전보다 3배 이상의 판매고를 기록했고, 1972년에 출시된 말보로 라이트는 전 세계 판매 1위를 기록하며 오늘의 위치에 이르고 있다.

물리적으로서 담배 그 자체는 남성성이나 여성성을 전혀 띠고 있지 않다. 필립모리스도 처음에는 여성을 타깃으로 제품을 출시하면서 광고했으나 성과를 거두지 못했고, 신제품의 매출 증대라는 목적에 부합 못하는 결합을 과감히 포기했다. 만약 말보로가 투입된 비용이 아깝다는 생각으로 여성 타깃 광고를 계속했다면 오늘날과 같은 자리를 얻지 못했을 것이다. 물론 정확한 상황 판단이 필요하지만, 합목적성에 부합하지 않는 결합은 버려야만 한다.

레오 버넷이 말보로 카우보이 캠페인으로 대박을 터뜨리며 승승장구하던 어느 날이었다. 필립모리스의 고위 임원 한 명이 말보로 담당 팀을 찾아왔다. 당시 말보로 팀은 무려 20여 명의 인원을 가동하고 있었는데, 그 임원은 이렇게 물었다. "아니, 매번 카우보이 사진만 바뀌고 카피도 겨우 한 줄 들어가는 광고인데 이렇게 많은 사람이 필요한가요?"

말보로 팀의 팀장이 대답했다. "사진을 찍어 와서 비주얼을 담당하는 직원이 2명, 카피를 쓰는 직원이 2명 있고 나머지는 모두 '말보로 캠페인을 카우보이에서 다른 것으로 바꾸자'는 주장을 막는 역할을 하고 있답니다."

• 고집스럽더라도 지금의 방법을 조금 더 유지할 필요가 있다면 계속 밀고나가는 것이 때로는 새로운 아이디어를 찾는 것보다 훨씬 좋은 성과를 낼 수 있다. 카우보이 사진과 한 줄의 카피로 말보로의 이미지를 관철시킨 사례는 '생각의 선택'에 좋은 사례라고 볼 수 있다.

하나가 성공했다는 평가를 받고 어느 정도 기간이 지나면 담당자들은 '식상해지기 전에 다른 것으로 바꾸자'라는 유혹에 빠지게된다. 카우보이 캠페인이 마케팅의 목적을 잘 달성하고 있다고판단한 레오 버넷은 이 결합을 더 오래 유지할 필요가 있다고 확신해 클라이언트나 팀 내부에서 생길 수 있는 조급증을 잠재우며그 방향을 유지하고자 노력했던 것이다.

유연하고 열린 마음으로 생각의 결합을 통해 아이디어를 만들어냈다 해도 모든 것이 끝나지는 않는다. 그것이 목적에 부합하는

가를 검토해야 한다. 또한 '그렇다'고 판단되면 반드시 지켜야 한다. 반대의 경우라면 다시 새로운 결합을 찾아 길을 나서야 한다.

엔진이 액체연료를 공기와 함께 폭발시켜 물리적 에너지를 만들어내고 이 힘을 바퀴로 전달해 차가 움직이듯, '결합'은 결과를 가지고 합리적인 판단을 통해 실질적인 아이디어를 탄생시킨다.

매일 매일
오늘의 로고

많은 기업이 광고나 홍보 작업에서 로고를 마치 어제 태어난 신생아 다루듯 누구도 함부로 건드리지 못하게 한다. 기업과 브랜드의 일관된 이미지나 신뢰와 호감을 지킨다는 이유에서 말이다. 하지만 이 원칙에 대해 다르게 생각하는 기업이 있다. 날마다 로고 디자인을 바꾸는 구글이다.

하루 2억 명 이상의 네티즌이 방문하는 검색 엔진 구글은 자유분방하고 크리에이티브한 회사 분위기로 유명하다. 구글 사이트의 로고 역시 이러한 크리에이티브가 반영되어 있다. 유명 예술가나 과학자 등의 탄생일이나 특별한 기념일이면 구글은 그날 하루, 그와 관련된 로고 디자인을 선보이곤 한다. 개기일식, 움직이는 기타, 팩맨, 찰리 채플린 등 자유자재로 변신하는 구글의 로고

• 포털 사이트 중에서 구글을 즐겨 사용하는 사람이라면 다양하게 바뀌는 구글 두들을 만나는 재미를 잘 알 것이다. 이것은 'Google' 자체를 이용한 예술 작품이라고 할 수 있다. 보통 구글 두들은 공휴일에 등장하는데 역사적 사건이나 국제 상황 등을 상징하기 위해 쓰이기도 한다.

'두들'은 사용자들에게 색다른 재미를 선사하고 있다. 다자인을 자유자재로 변형시켜 즐거움을 줄 수 있는 로고. 개방성을 지향하는 구글다운 위트다.

사실 절대 누구도 건드려서는 안 되는 신성불가침의 영역은 없다. 그런 고정관념을 과감히 깰 수 있는 창의적인 아이디어가 필요하다. 사람도 브랜드도 자신감이 있어야 한다. 자신 있는 자는 마음이 넓다. 자신 있고 넓은 생각은 기존의 고정관념을 과감하게 깰 수 있다.

반대로 새로운 생각, 새로운 결합을 용인하지 않는 조직과 사람들은 늘 일하던 방식을 그대로 답습하기 마련이다. 결국 참신한 아이디어는 영영 만나지 못할 것이다. 보편적인 것은 위험하지 않지만 특별하지 않다. 그렇기 때문에 빅 아이디어를 만들어내기가 어려운 것이다. 따라서 반대 의견을 가진 소수의 관점에도 주목할 필요가 있는 것이다.

상식의 정반대에도
정답은 있다

서울 강남구 삼성동의 파크하얏트서울 호텔 로비는 건물 최고층인 24층에 있다. 대부분 호텔의 로비가 1층에 있는 것과는 정반대다. 이 호텔을 처음 찾는 투숙객은 건물 1층에 엘리베이터밖에 없기에 의아해하지만, 체크인을 하려고 24층에 올라간 순간 한눈에 들어오는 한강 경치에 감탄하곤 한다. 이 호텔의 한 관리자는 고객들이 차에서 내리자마자 엘리베이터를 타고 호텔 안으로 들어갈 수 있어 사생활 보호에도 도움이 된다고 설명한다.

한편 커피 시장에도 차별화 경쟁이 시작됐다. 커피전문점 파스쿠치의 '솔티 아포가토'는 17세기 유럽에서 즐겨 마시던 '소금 커피'를 도입했다. 커피에 적정량의 소금을 더하면 단맛과 함께 깔끔한 커피의 맛을 배로 느낄 수 있다는 점에 착안해 인기를 끌고 있다.

도넛은 튀겨야 한다는 고정관념도 깨졌다. 오리온은 오븐에 스팀으로 쪄서 만든 '튀기지 않은 도넛' 제품을 내놓았다. 전통적인 제조 기술을 버림으로써 도넛의 촉촉하면서도 담백한 맛을 살렸다는 평이다.

또다른 예로 요즘 전주의 한옥마을에 가면 과거의 비빔밥이나 피순대, 콩나물국밥만이 아니라 문어 꼬치와 설빙수, 바게트버거 등 세련되고 다양한 음식이 이곳을 찾는 사람들의 호기심을 끌고 있다.

이처럼 장소나 위치를 바꾸건 재료나 기술을 바꾸든 상식의 정반대 편에 서는 것이 오히려 새로운 욕구나 기회의 더 큰 가능성을 제공할 수 있다.

결국은 공감의
폭과 깊이다

상징은 상대방에게 나의 의미를 더욱 효과적으로 전달할 수 있도록 흥미와 설득력을 더해준다. 더불어 상대방이 전혀 알지 못하는 것을 알려줄 때도 상징을 사용할 수 있다. 요컨대 상대방이 단 한 번도 보지 못한 동물에 대해 말할 때, 비슷한 모습의 동물을 빗대어 표현한다면 상상과 이해를 도울 수 있을 것이다. 제대로만 전달된다면 받아들이는 입장에서는 강한 느낌을 받게 된다. 그래서 상징은 많은 이야기를 할 필요 없이, 간단한 표현으로 전체적인 상황을 단번에 전달할 수도 있다.

그렇지만 우회적인 상징과 비유의 표현 방법에는 치명적인 문제가 있을 수 있다. 받아들이는 상대방이 그것을 잘 이해하지 못하는 경우다. 표현이 너무 어렵거나 공감을 사지 못할 경우, 듣는 이로서는 감을 잡지 못하고 난감해할 것이다. 예를 들어, 다른 나라 문화권 코미디에 쉽게 공감되지 못해서 폭소가 터지지 않는 것처럼 말이다.

머릿속에 떠돌고 있는 생각의 조각들을 어떻게 결합해서 어떤 상징으로 표현해야 할지에 대한 고민은 사고력에서 가장 핵심적인 단계다. 이 과정은 자동차를 실질적으로 움직이게 하는 엔진과도 같아서, 문제를 해결하거나 결과를 만들어내는 아이디어가 나오기까지 제일 중요한 작업이다. 그렇기 때문에 이 작업을 충분히 뒷받침해줄 수 있는 많은 지식이 필요하다. 단순히 뉴스나 정보 차원의 것은 도움이 되지 않는다. 가능하면 체득한 것, 되도록이면 내가 지혜로 축적한 것이 주효하다. 사회, 과학, 정치, 철학, 역사, 문학 등의 인문학적인 소양을 바탕으로 여러 경험을 통해 내가 스스로 깨달은 바를 말한다.

이런 것들이 모이면 실력이 된다. 실력은 곧 어떤 상황에서든 어느 누구에게든 어떤 방법으로든 명쾌하고 정확하게, 효과적으로 내가 생각한 것을 전달할 수 있다는 의미를 내포한다.

앞서 상징과 결합의 좋은 다양한 사례들을 방법의 특징대로 연결해 설명했다. 저마다 있었던 배경은 다르지만 하나로 귀결된다. 그것은 바로 나의 생각을, 설득해야 할 이들의 수준을 분석해 명확하고 합리적으로 전달해 문제를 해결했거나 성공적인 결과를 만들었다는 사실이다. 결론적으로 얼마나 많은 이를 얼마나 깊이 공감하게 했느냐의 성과인 것이다. 이는 바로 자신의 실력, 즉 생각의 힘을 뜻하는 것이기도 하다.

STORYTELLING

자동차가 핸들과 엑셀과 조작 장치로
섬세하고 완벽한 드라이빙을 이루는 것처럼
생각은 스토리텔링이라는 구성 방식을 통해
강하게 기억되고 넓게 구전된다.
자동차의 조작 장치가 나날이 발전하듯
생각의 전달 방식도 감성적으로 변하고 있다.
당신의 생각을 인간의 삶이 녹아 있는
휴먼드라마로 만들 수 있는가?

스토리텔링

생각의 가속도를 높여라

STORYTELLING

이야기로 만들면
팩트에 발이 달린다

"우리는 모든 것을 과도하게 가졌다. 우리는 엄청난 소비자들이다. 차를 사려 할 때, 고를 수 있는 차종이 100대가 넘는다. 재킷을 하나 사려 해도 100개 넘는 종류에서 하나를 고를 수 있다. 우리가 선호하는 목적에 부합한, 이 상품이 다른 상품과 왜 차별화되는지 이야기해주는 회사의 상품을 선택하는 것이다. 물론 현실과 이야기를 비교해보면 항상 현실이 훨씬 강하다. 그러나 적절한 방식으로 현실에 이야기를 더하면 그 힘은 더욱 강력해진다. 진실한 이야기가 있으면 사람들은 보다 쉽게 당신을 믿게 된다. 이것이 우리가 이야기를 사용하는 이유이다."

덴마크의 스토리텔링 전문 기업 시그마의 클라우스 포그Klaus Fog가 한 말이다. 이 말 자체로 기업이, 개인이, 우리가 스토리텔링에 주목하는 충분한 이유라고 할 수 있다.

정우성 짬뽕집의 전설

대구시 남구 이천동에 진흥반점이라는 중국 음식점이 하나 있다. 이곳은 배우 정우성이 대구에 올 때마다 반드시 들른다고 해서 '정우성 짬뽕집'이라고도 불리는 곳이다.

여름이 되면 반도의 땅 중에서 가장 덥기로 유명한 게 대구지만, 뙤약볕이 내려 쬐는 여름 한낮에도 이 집에서 짬뽕 한 그릇 먹으려면 최소 1시간 이상을 기다려야 한다. 배달은 어불성설이고 합석은 기본에, 재료가 떨어지면 오후 3시든 4시든 상관없이 영업을 종료하고 식당 문을 닫는다. 게다가 별도 주차장도 없어 인근 유료 주차장에 차를 대야 하는, 그런 만만치 않은 식당이다. 풍문에 의하면 일흔이 넘은 이곳 사장님은 오직 짬뽕만 팔아서 인근의 빌딩 몇 채를 소유했다고 한다.

사람들의 입에서 입을 타고 널리 알려진 미식가들에게는 성지로 통하는 이곳을 마케팅적으로 표현하자면 '러브마크'인 셈이다.

그런데 이 음식점의 이야기를 사장님이 의도해서 만들고 퍼뜨렸을까? 이 가게는 별도의 광고를 전혀 하지 않는다. 인근 아파트 단지에 가서 집집마다 자석이 부착된 전단지를 뿌리는 수고도 하지도 않는다. 물론 파워 블로거들에게 무료로 음식을 제공하고 사례를 한 후 인터넷에 올려달라고도 하지 않는다.

진흥반점의 스토리는 당연히, 자연스럽게 생겨난 것이다. 다시 말해 '압도적인 본질'을 만드는 데 온 힘을 집중한 것뿐이다. 그 진리의 맛에 매료된 수많은 고객이 즐겨 찾으며, 소개나 인터넷 등 다양한 경로를 통한 입소문만으로 진흥반점이 유명해진 것이다.

이런 스토리는 힘이 세다. 자연적으로 탄생한 스토리는 사람들에게 쉽게 잊히지 않고 시간이 지날수록 더욱 영향력이 단단해진다. 바로 전설이 되기 때문이다.

생각도 마찬가지다. 처음 세상에 나온 아이디어는 모두 신선하다. 하지만 아이디어가 어떤 스토리로 만들어지고 발전하느냐에 따라 생명 기간이 결정된다. 또한 아이디어의 스토리가 누군가의 작위로 탄생했느냐 아니면 세상의 공감과 소통을 통해 자연적으로 탄생했느냐에 따라 일회성 스팸이 되거나 오래 남을 전설이 될 것이다. 바로 이 점이 바로 사고를 하고 아이디어를 위해 달려가는 우리의 숙제이기도 하다.

디지털의 시대,
이야기의 탄생에 주목하라

어떤 사건이나 아이디어가 사람들에 전달되는 경로는 다양하다. 상업적인 정보를 매체를 통해 전달하는 것이 '광고', 비상업적인 정보를 매체를 통해 전달하는 것이 '홍보', 상업적인 정보를 면대면(face-to-face)으로 전달하는 것이 '대인판매', 비상업적인 정보를 면대면으로 전달하는 것이 '구전口傳'이다.

많은 경영학자와 심리학자, 광고학자들이 제일로 손꼽는 전달수단은 바로 구전이다. 구전이 강력한 이유는 상업적 의도가 없는 메시지며, 메시지 발화의 주체가 나와 같은 입장의 일반적인 소비자인 때문이다. 모든 광고, PR, 대인판매는 기업이 비용을 투자한 만큼 그 빈도수를 얼마든지 늘릴 수 있다. 비상업적인 PR도 다양하고 적극적인 언론사 관리를 통해 컨트롤이 가능하다.

하지만 단 하나, 가장 강력한 영향력을 지닌 구전만큼은 그 누구도 통제할 수 없다. 그만큼 그 효과는 예측할 수 없이 크다는 이야기다. 사실 페이스북과 트위터도 디지털을 통한 구전인 셈이다.

가랑비에
옷이 젖는다

훌륭한 프리젠터에게는 자신이 말하려는 것을 훌륭한 이야기로 만드는 재능이 있다. 사실 예수나 부처나 마호메트가 등장하는 각 종교의 성전도, 지혜의 모든 것이 담긴 논어도 모두 이야기로 되어 있다. 설득하고자 하는 내용을 기승전결과 극적 구성이 있는 드라마로 만들어야 사람들이 기억하기 쉽고 전달하기 쉽다.

이야기는 얼어붙은 사람의 마음도 움직인다. 이야기의 힘을 알수 있는 고전이 바로 《아라비안나이트》다. 아내의 부정을 목격한 페르시아의 왕 샤리아르는 여자에 대한 증오에 넘쳐, 매일 밤 여자들을 침실로 불러들여서는 다음날이면 처형해버렸다. 모두가 두려움에 떨고 있는 와중에 재상의 딸 세헤라자드가 그에게 불려간다. 그날 밤 세헤라자드는 목숨을 구걸하는 대신 이야기를 시작한다. 왕은 넋을 놓고 이야기를 듣다가 날이 밝아오는 것도 알아차리지 못한다. 왕은 다음 이야기가 궁금해 세헤라자드를 하루이틀 더 살려두다가 결국 천 일째 되는 날 그녀를 왕비로 맞게 된다. 자신의 잘못을 크게 뉘우친 그는 이후 선정을 베풀어 성군이 되었다는 이야기로 알려져 있다.

샤리아르가 세헤라자드를 죽이지 않은 것은 단순한 호기심으로 다음 이야기가 궁금해서는 아니다. 계속되는 이야기 속에 담긴 교훈과 감동이 샤리아르의 사나운 마음을 잠재우고 자신의 난폭함과 잔인함을 돌아보게 만든 것이다. 세헤라자드 역시, 오늘 밤을 넘기기 위한 방편으로 이야기를 지어낸 것은 아니다. 이야기를 통해 그의 마음을 다스리려는 의지였던 것이다.

덴마크에서는 암탉을 자연 상태로 방목하여 키우고 이 암탉에서 얻은 달걀을 시장에 팔고 있다. 이렇게 생산된 달걀이 전체 시장의 50% 이상을 차지한다. 일반 달걀보다 15~20%가 더 비싸지만 소비자들은 기꺼이 비용을 지불한다. 옛날 전통 방식 그대로 생산되는 이야기로 친환경 달걀이라는 가치를 부여했기 때문이다.

무슨 상품을 파느냐가 중요한 것이 아니다. 그것과 연계되어 팔릴 수 있는 이야기가 중요하다. 우리 농업도 스토리텔링 전략을 지녀야 한다. 경기도 특산물 중 하나인 DMZ 사과를 판매한다고 했을 때 세계 유일의 분단국가인 한국 DMZ, 사람의 발길이 닿지 않는 청정지역에 생산한 사과이며 통일의 꿈을 위해 영글어 가는 사과라는 스토리텔링이 곁들여져야 한다.

여기, 눈이 먼 노인 한 명이 길가에서 구걸을 하고 있다. "저는 장님입니다. 도와주세요(I'm Blind, Please Help.)."라는 팻말을 옆에 끼고서. 그 곁을 지나가던 한 카피라이터가 주머니에서 펜을 꺼

• 오길비의 이 유명한 일화는 영상으로 각색돼 전 세계로 퍼졌다. 호소하기보다 감성으로 다가가는 것이 상대방의 공감을 이끌어낼 수 있음을 잘 보여준 사례다.

내 글씨를 고친다. 그리고 얼마 안 되어 노인 앞에는 돈이 쌓이기 시작한다. 카피라이터가 팻말에 적은 메시지는 이러했다.

"아름다운 날입니다. 그리고 전 그걸 볼 수 없죠(It's a Beautiful Day and I Can't See It)."

이것은 데이비드 오길비의 수많은 일화 가운데 가장 인상적인 에피소드다. 이렇듯 이야기와 공감이 가득한 아이디어가 모범 답안이 되는 것이다.

인터넷 문명 시대, 더 이상 새로운 것은 없다. 앞으로는 더욱 없어질 것이다. 정보라는 파도가 휘몰아치는 이 시대의 사람들에게 좀 더 새로운 경험을 주려면 남과 달라야 한다. 창의적인 내용도 필요하지만, 이를 전달하는 방식에 있어서 설득력 있는 아이디어와 구성이 필수적이다. 그 같은 구성을 통해서 더욱 깊게 새겨지고 더욱 오래 기억될 수 있다.

아이디어를
편집하라

문화심리학자 김정운은 저서 《에디톨로지-창조는 편집이다》에서 "모든 창조적 행위는 유희이자 놀이다. 이 같은 즐거운 창조의 구체적 방법론이 에디톨로지다. 세상의 모든 창조는 이미 존재하는 것의 또 다른 편집이다."라고 말했다. 창조는 콘텐츠가 탄생하는 것이 아니라 구성이 변하는 것이라는 이야기다. 내용이 아니라 형식의 변화라는 뜻이다.

편집은 구성이자 스토리텔링이다. 새로운 내용이 중요한 게 아니다. 기존의 것을 새롭게 결합하고 포장하는 과정이 중요하다. 브로드캐스트의 시대가 가고 생산자와 소비자가 직접 소통하는 디지로그 시대에, 콘텐츠 제공자는 퍼블리터인 동시에 에디터여야 한다.

얼마 전만 하더라도 TV 예능 프로그램의 흥망을 결정하는 것은 진행자였다. 강호동, 유재석, 신동엽 같이 '국민MC'라는 타이틀을 가진 방송인이 가운데에 등장하면 시청률이 올랐다는 이야기다. 그들이 방송 콘텐츠 그 자체였고 그들의 연기와 말솜씨와 섭외 능력이 대본이나 연출 능력보다 우선이었다. 그러나 요즘 방송 트렌드를 보면 일부 스타에 의존하는 시대는 지났다. 누가 프로그램을 진행하느냐보다 누가 연출하고 누가 대본을 쓰느냐의 시대가 왔다.

이제는 유명 예능 프로그램의 프로듀서나 방송작가에게 대중의 관심이 몰리기 시작했다. 그중에서도 '야외 리얼 예능'의 원조인 〈1박2일〉을 기획하고 연출한 나영석 프로듀서는 〈꽃보다〉 시리즈와 〈삼시세끼〉 등 트렌드를 이끌어가는 스토리텔러로 호평을 받고 있다. 다른 방송국 예능 프로그램도 같은 야외 리얼 버라이어티에, 같은 여행 콘셉트인데도 나영석 프로듀서가 만든 프로그램만큼 인기를 얻지는 못했다. 그의 남다른 성공 비결은 무엇이었을까? 바로 구성에 해답이 있다.

그가 만든 친구 같은 동료들의 좌충우돌 해외여행 스토리나 한

적한 시골집에서 건강한 노동과 정성 어린 식사가 함께하는 순박한 풍경을 담은 스토리는 구성력에서 뚜렷한 차별점을 보여준다. 그의 방식은 시청자에게 보이기 좋은 프레임만 작위적으로 연결한 것이 아니라, 별다른 대본 없이 출연자들이 직접 겪는 것들을 밀착해서 보여주며 자유로운 흐름으로 구성하는 것이다. 바로 이것에 시청자들은 화면 속 출연자들과 함께 있다는 공감을 느끼고 간접적인 참여감도 갖게 됨으로써 프로그램을 향한 애정과 관심을 보내는 것이다.

구성력은 상징화된 구체적 결과, 즉 새로운 아이디어를 어떻게 형식화시킬 것인가에 대한 물음이다. 그리고 최근의 스토리텔링은 그 물음에 가장 적절한 대답이다. 수년 전부터 많은 사람이 그 중요성을 주장해온 것처럼 기업 경영, 정치, 관광, 심지어 농업에도 스토리텔링은 필요하다. 어느 유명한 광고인이 수십 년 전 이야기한 '내재된 드라마'의 개념이 바로 스토리텔링이다.

아이디어는 더하기가 아니라 빼기다. 아이디어는 머릿속 정보를 나열하는 것이 아니다. 간추려서 쉽게 정리하는 것이 아이디어다. 아이디어는 복잡해지는 것이 아니다. 심플해지는 것이 아이디어다. 결국 아이디어의 마지막 단계에서 고민해야 할 것은 '무엇을 더할 것인가'가 아니라 '무엇을 뺄 것인가'다. 좋은 아이디

구성력은
상징화된 구체적 결과,
즉 새로운 아이디어를
어떻게 형식화시킬 것인가에 대한 물음이다.

어는 부피가 작고 농도가 짙다. 핵심 아이디어일수록 밀도가 높아진다. 연필로 아이디어를 그렸다면, 지우개로 지워가며 극대화시키는 작업이 필요하다. 분해해서 정리하고 재구성하는 작업이 제일 중요하다.

엄밀히 보면 새로운 음악은 없다. 리듬과 음표의 재구성만이 있을 뿐이다. 재구성된 리듬과 음표가 새로운 음악을 탄생시킨다. 새로운 생각과 새로운 글이 있는 것이 아니다. 재구성되었을 뿐이다. 따라서 음악을 많이 듣는 사람일수록 새로운 음악을 만들어낼 가능성이 크다. 글을 많이 읽은 사람일수록 새로운 글을 쓸 확률이 높다. 가지고 있는 재료가 많을수록 구성과 조합이 다양하고 풍부해지기 때문이다.

아이디어는 '맨땅에 헤딩하기'가 아니다. 새로운 것을 만들어야 한다는 부담에서 먼저 벗어나자. 기존의 것을 해체하고 재구성해보자. 자신의 것이어도 좋고 남의 것이라도 좋다. 그러다 보면 어떤 식으로든 새로움이 생겨나기 마련이다. 처음부터 백지의 공포에 시달리지 말자. 시계 만들기의 시작이 다른 시계를 분해해보는 것부터가 아니던가.

구슬이 서 말이라도
잘 꿰는 게 중요하다

송경동 시인의 작품 〈사소한 물음들에 답함〉에는 운문의 힘이
있다. 그 힘은 병렬적인 구성에서 비롯된다. 과거와 현재를 대조
하면서 나란한 듯, 나란하지 않은 구성으로 읽는 이마저 생각에
잠기게끔 한다.

어느 날
한 자칭 맑스주의자가
새로운 조직 결성에 함께하지 않겠느냐고 찾아왔다
얘기 끝에 그가 물었다
그런데 송 동지는 어느 대학 출신이오? 웃으며
나는 고졸이며, 소년원 출신에 노동자 출신이라고 이야기 해주었다
순간 열정적이던 그의 두 눈동자 위로
싸늘하고 비릿한 막 하나가 쳐지는 것을 보았다
허둥대며 그가 말했다
조국해방전선에 함께하게 된 것을
영광으로 생각하라고
미안하지만 난 그 영광과 함께하지 않았다.

십수 년이 지난 요즈음

다시 또 한 부류의 사람들이 자꾸

어느 조직에 가입되어 있느냐고 묻는다

나는 다시 숨김없이 대답한다

나는 저 들에 가입되어 있다고

저 바다물결에 밀리고 있고

저 꽃잎 앞에서 날마다 흔들리고

이 푸르른 나무에 물들어 있으며

저 바람에 선동 당하고 있다고

가진 것 없는 이들의 무너진 담벼락

걷어차인 좌판과 목 잘린 구두,

아직 태어나지 못해 아메바처럼 기고 있는

비천한 모든 이들의 말 속에 소속되어 있다고

대답한다 수많은 파문을 자신 안에 새기고도

말없는 저 강물에게 지도 받고 있다고

　'어느 조직에 가입되어 있느냐'는 아주 사소한 물음을 시인은 두 차례에 걸쳐 질문 받지만, 두 번의 대답은 각각 다르다. 처음에 고졸이고 소년원 출신에 노동자 출신임을 밝히는 순간, 물어본 사람의 태도가 급변했음을 느꼈기 때문이다. 나중에 두 번째 질문을 받게 된 시인은 자신은 어느 곳에도 소속되어 있지 않으

구성 방법에 따라
메시지의 의미는 크게 달라질 수 있다.
같은 재료가 서로 다른
두 사람에게 주어질 때,
사람에 따라 그 내용은
180도 달라지기 마련이다.
그것이 구성의 특성이자 매력이다.

며 동시에 모든 곳에 소속되어 있다고 의연하게 대답한다.

그런데 첫 번째 질문과 대답이 앞선 1연에 없었더라면 2연은 동문서답으로도 이해될 것이다. 시인의 두 번째 대답을 더욱 빛나게 한 요인은 무엇이었을까. 떼어놓고 보면 완전히 정반대인 1연과 2연의 상황은 시인의 구성으로 다시 태어났다. 시인의 뜨거운 열정, 세밀한 관찰, 절묘한 상징이 집대성되어 스스로의 힘을 온전히 내는 한편, 서로 시너지를 낼 수 있게 했다.

결론은 콘텐츠 안에서 견고하게 이루어지는 '구성'의 묘다. 아무리 좋은 글감도 구성을 통해 꿰어야 훌륭한 글이 될 수 있다. 구슬이 서 말이라도 꿰어야 보배며, 아 다르고 어 다른 법이다.

구성 방법에 따라 메시지의 의미는 크게 달라질 수 있다. 같은 재료가 서로 다른 두 사람에게 주어질 때, 사람에 따라 그 내용은 180도 달라지기 마련이다. 그것이 구성의 특성이자 매력이다.

어떤 것에 개성을 심어주고 하나의 아이덴티티를 부여하는 작업. 바로 그것이 구성이다.

오래 전에 새로 사귄 여자친구의 사진을 꺼내 손으로 눈, 코, 입을 하나씩 가리면서 "뜯어보면 딱히 미인이라고 하긴 그런데, 모아놓고 나면 그럭저럭 예뻐 보이지 않냐?"라고 진지하게 묻던 친구가 있었다. 그때 친구는 전체적으로 안정되고 조화로운 여자

친구의 예쁘장한 인상을 자랑하고 싶었던 같다. 나는 그때 친구에게 고개를 끄덕이며 "구성이 좋네."라고 대답한 기억이 난다.

구성이야말로 이렇듯 각기 다른 장단점을 가진 아이디어를 잘 꿰거나 맞춰 100%로 완성시키는 화룡점정의 단계라고 할 수 있는 것이다.

이야기의 힘,
기억으로 침투한다

머릿속에서 잉태된 아이디어가 세상에 나오는 이유는 분명하다. 많은 사람의 사랑을 받으며 그들의 삶을, 정신을 윤택하게 만들어주기 위함이다. 따라서 세상의 빛을 본 아이디어가 사랑을 받기 위해 스토리를 갖추느냐 그렇지 않느냐는 중요한 문제다. 스토리가 사람들의 내면에 있는 염세나 권태, 우울 같은 부정적인 감정을 순식간에 긍정적으로 바꾸는 중요한 역할을 하기 때문에 아이디어와 접목된다면 설득력이 더욱 커지기 때문이다.

우리는 왜 이야기에 쉽게 설득 당하는 것일까? 사람들의 닫힌 마음이 이야기에 쉽게 문을 여는 이유는 무엇일까?

모두가 공감하듯 스토리는 스토리가 아닌 형태의 정보보다 훨씬 더 쉽게 이해되고 기억된다. 동일한 정보를 있는 그대로 기억하는 경우와 스토리화 된 정보로 기억하는 경우, 후자가 훨씬 더 기억에 잘 남기 마련이다. 인지심리학 분야의 권위자인 미국 카네기멜론대 교수 로저 생크Roger Schank는 "인간의 인지구조 자체가 단편적 정보보다 이야기의 흐름 속에 담긴 정보를 더 잘 이해하도록 만들어졌다."라고 설명한다.

인지심리학자들에 의하면 자동차 번호 네 자리를 외울 때, 입으로 몇 번 읽고 외우려는 경우 그 네 자리 수는 '단기기억'의 영역으로 들어가서 몇 분에서 몇 시간 정도만 기억된다. 하지만 이 4개의 숫자 사이에 하나의 이야기를 만들어주면 우리의 기억은 훨씬 강력해진다.

요컨대 7, 5, 4, 6이라는 숫자를 대할 때, 머릿속으로 "4부터 7까지의 숫자가 있는데 먼저 홀수가 역순(7, 5)으로 나오고 그 다음은 짝수가 작은 수부터(4, 6) 나온다."라는 이야기를 만드는 순간 이 이야기 또는 숫자는 우리 머릿속 '장기기억'이라는 영역에 들어가 훨씬 더 오랫동안 남게 된다.

아이디어도 마찬가지다. 더 많은 사람에게 사랑받기 위해서는 먼저 스토리를 갖춰 더 쉽게 더 오래 기억에 남길 필요가 있다. 이것이 스토리가 갖는 첫 번째 힘이다.

이야기의 힘,
감정으로 각인된다

스토리에는 각인 효과가 있다. 신경정신과 의사 출신이며 인류학자인 동시에 글로벌 기업 네슬레에서 마케팅을 총괄했던 클로테르 라파이유Clotaire Rapaille는 《컬처 코드》라는 책에서 정보 습득의 최고 단계인 '각인'에 대해 언급했다.

각인은 경험이나 정보가 웬만해서는 잊히지 않을 정도로 강력하게 뇌리에 새겨지는 것을 말한다. 우리가 일상에서 겪는 모든 경험이 기억에 남지는 않는다. 우리 뇌에 각인되는 정보는 그보다 훨씬 적다. "어떤 경험이나 정보는 운 좋게도 각인되고 나머지는 그렇지 않은데 이들의 차이는 바로 경험에 있다."라고 클로테르는 말한다. 즉, '각인=경험+감정'이라는 것이다. 경험을 각인시키기 위해서는 그 경험과 함께 어떤 감정이 스며들어 있어야 한다. 그러면서 클로테르는 제정 러시아시대 '농부와 아들' 이야기를 언급했다.

농업 국가였던 제정 러시아 시대, 농부들은 보통 아들이 일곱 살 정도가 되면 데리고 나가 농사를 가르쳤다. 그런데 어떤 농부들은 처음으로 밭에 데리고 나간 아들에게 이상한 행동을 벌였다. 처음으로 밭에 나온 아들을 모퉁이에 세워두고는 이유 없이 때렸다는 것이다. 그런 후 다음 모퉁이로 가서 때리고, 이어 다른 모퉁이로 가서 때리는 행위가 계속되었다. 이 이해할 수 없는 행위는 각인을 의도한 것이었다. 즉 아버지인 농부는 아들에게 "이제 너와 내가 평생 농사지어 엄마와 네 여동생을 먹여 살릴 우리의 유일한 재산이 바로 이 밭이다. 평생 이 밭을 잊지 말고 네 머리와 가슴에 새겨라."라는 의미를 전하려 했던 것이다. 괴팍스러운 각인의 방법이지만, 한편 수긍이 가는 이야기다.

스토리에서 기인한 감정으로 인해 함께 전달하는 메시지와 정보, 경험이 기억의 차원을 넘어 강력하게 각인되는 것이다. 이야기는 듣는 사람에게 감정을 불러일으키고 고양시킨다. 이것이 바로 스토리의 두 번째 힘이다.

어떻게 이야기를
탄생시킬 것인가

여기 아주 좋은 스토리가 있다고 하자. 그런데 스토리가 좋다는 것이 좋은 파급력과 구전을 보장하는 뜻일까? 장담할 수 없다. 스토리가 아무리 좋다 한들 그 방법이 잘못되면 제대로 전달될 리 없다. 스토리를 사람들에게 어떻게 전달해야 되느냐의 관점은 '관여도의 측면'에서 살펴볼 수 있다. 사람은 여러 가지 이야

사람은 자신과 관련 있는 이야기,
감정이입 할 수 있는 이야기에
더 큰 관심을 쏟는다.
이것이 스토리텔링의 힌트다.

기 중 자신과 관련됐거나 조금이라도 관련 있을 거라고 생각되는 이야기에 귀를 기울이기 마련이다.

여러 해 전, 주한미군과 관련된 슬프고 안타까운 사건이 두 가지 있었다. 하나는 미군 장갑차에 의해 여중생이던 미선 양과 효순 양이 사망하는 사건이었고, 다른 하나는 미군에 의한 기지촌 여성 살해 사건이었다. 전자의 사건은 전 국민적 관심을 받으며 수많은 사람을 광화문 광장에 촛불을 들고 모이게 했지만, 후자의 사건은 소수의 언론의 주목을 받는데 그쳤으며 사람들의 관심도 크게 떨어졌다.

사실만을 놓고 보면 의아한 점이 없지 않다. 전자는 훈련 중인 장갑차에 의한 교통사고로, 문제가 된 것은 사후에 이를 제대로 발표하지도 사과하지도 않은 미군과 한국 정부의 태도였다. 반면 후자는 우발적이든 충동적이든 명백한 살인 사건이었다. 상식선에서 생각해보면 후자가 더 중대한 범죄인 것이다. 그런데도 많은 국민이 전자의 사건에는 큰 분노를 표현한 반면 후자의 사건에는 큰 이슈로 공분하지는 않았다.

왜 그랬던 것일까? 대체 무엇이 이 같은 반응 차이를 불러왔을까? 개연성과 관여도에 답을 찾아볼 수 있다. 여중생 사건은 내

가족, 내 친구에게도 일어날 수 있을 사건이다. '내 가족이나 친구, 혹은 이웃이 그 자리에 있었다면 똑같은 비극을 당할 수도 있었으리라'라는 생각을 누구나 하게 된다. 감정이 이입될 수 있었던 것이다. 반면 기지촌에서 일하는 여성의 경우, 대부분 국민은 '나와 관련 없는 세상 이야기'라고 생각할 수 있다. 직업여성에 대한 선입견 때문에 감정이입이 차단당했을 가능성도 크다.

사람은 자신과 관련 있는 이야기, 감정이입 할 수 있는 이야기에 더 큰 관심을 쏟는다. 이것이 스토리텔링의 힌트다. 자신이 설득하고자 하는 사람들을 잘 관찰하고, 그들에게 관여도와 개연성이 높은 이야기를 만들어내야 한다.

70%의 익숙함
30%의 새로움

영화나 드라마의 90% 이상은 사랑에 관한 이야기를 하고 있다. 사람들은 이렇게 '흔하고 빤한' 사랑 이야기에 주목한다. 시청자들의 매력을 끄는 공식 때문이다. 그 공식이란 바로 70%의 익숙함과 30%의 새로움이다. 그 비율이 사람들의 관심을 끌기에 가장 적절한 배합이라는 것이다.

언뜻 생각하기에 더 많은 이의 관심을 끌려면 '지금껏 없었던 새로운 이야기'가 필요할 것 같다. 하지만 실제로 사람들은 완전히 낯선 이야기에는 쉽게 몰입하지 못한다.

고전문학 전문가들은 현대인이 즐기는 대부분의 콘텐츠의 주요한 줄거리 뼈대인 복수, 질투, 경쟁, 운명적 사랑, 입신양명, 희생, 권력 다툼, 영웅의 고난과 성공 등이 모두 고전과 신화의 원형을 근간으로 한다고 말한다. 그리스 로마 신화나 삼국지, 우리나라의 고구려 건국신화 등을 봐도 그렇다. 우리가 매일 즐겨 보는 드라마와 영화의 갈등 구조를 여실히 찾을 수 있다.

사람들은 전혀 색다른 이야기를 원하지 않는다. 오히려 익숙한 구조 속에서 새로운 장면과 디테일을 원하고 있다. 이야기의 큰 틀은 익숙하고 더불어 이해가 용이하되 전개 방식, 인물의 캐릭터, 디테일한 장치 등 변화를 통해 새로운 재미를 주어야 한다.

이야기를
이야기처럼 만들라

"100명 중 52명은 여자고, 48명이 남자다. 30명은 아이들이고, 70명은 어른이다. 어른 가운데 7명은 노인이다. 90명은 이성애자고 10명이 동성애자다. 70명은 유색인종이고 30명이 백인이다. 61명은 아시아 사람이고, 13명은 아프리카 사람, 13명은 남북아메리카 사람, 12명은 유럽 사람, 나머지 1명은 남태평양 사람이다. 33명이 기독교, 19명이 이슬람교, 13명이 힌두교, 6명이 불교를 믿고 있다. 5명은 나무나 바위 같은 모든 자연에 영혼이 깃들어 있다고 믿고 있다. 24명은 또 다른 종교들을 믿고 있거나 아니면 아무것도 믿지 않고 있다. 17명은 중국어로 말하고 9명은 영어로, 8명은 힌디어와 우르두어로, 6명은 러시아어로, 4명은 아랍어로 말한다. 이들을 모두 합해도 겨우 마을 사람들의 절반밖에 안 된다. 나머지 반은 벵골어, 포르투갈어, 인도네시아어, 일본어, 독일어, 프랑스어, 한국어 등 다양한 언어로 말을 한다. 별의별 사람들이 다 모여 사는 이 마을에서는 당신과 다른 사람들을 이해하는 일, 상대를 있는 그대로 받아들여 주는 일, 그리고 무엇보다 이런 일들을 안다는 것이 가장 소중하다.”

이케다 가요코가 쓴 《세계가 만일 100명의 마을이라면》에서는 다양성에 대한 이해를 위한 이야기를 이렇게 간단하고 참신하게 구성했다. 확실히 더욱 큰 설득력이 느껴진다.

이렇듯 스토리텔링에 있어 구성은 무척 중요하다. 구성이란 몇 가지 부분이나 요소들을 모아 전체를 이루는 것 또는 그 결과를 말한다.

구성은 스토리텔링의 뼈대와도 같다. 글을 쓸 때 탄탄한 개요가 필요하듯, 스토리텔링 역시 퍼즐을 맞추는 것과 같이 치밀한 조립이 필요하다. 클리오 광고제 수상작인 디스커버리 채널 광고는 디스커버리 채널에서 방영되었던 다큐멘터리 영상들을 모아 더빙하고 가사 대로 맞춘 영상이다. "I Love Real Dirty Things, I Love Tornadoes."라는 가사와 함께 상황에 맞는 영상들이 짜임새 있게 구성되어 있다. 우주, 바다, 사람, 종교, 문화, 환경 등을 다루는 영상들 덕분에 디스커버리라는 채널 자체의 특성들을 한번에 파악할 수 있다. 더불어 하나의 음악을 통해 디스커버리가 방영했던 수많은 영상을 기가 막히게 구성함으로써 디스커버리 채널의 선전 효과를 극대화했다.

특히 구성의 디테일이 이 광고의 완성도를 높였다. 녹음 작업 과정에 세심한 부분들을 놓치지 않고 영상과 잘 조합되도록 구성한 것이 돋보인다. 무심코 들으면 단순히 음악이 흘러간다고 생각되지만 사실은 다르다. 동굴 안에 있는 사람이 노래할 땐 동굴의 울림과 함께 음악이 들리고 바람이 불면 바람 소리가, 공연장이 나오면 사람들의 함성 소리가 들린다.

많은 TV광고를 보면 대부분 영상이 끝나고 카피나 브랜드 로고가 나올 때 삽입 음악을 중지시키거나 브랜드 이름을 외치는 사운드로 마무리하는 경우가 많다. 하지만 디스커버리 채널의 광고는 그렇지 않다. "The World is Just Awesome."이라는 카피가 나올 때도 성우의 목소리는 삽입되지 않았다. 기존의 영상을 약

구성은 스토리텔링의
뼈대와도 같다.
글을 쓸 때
탄탄한 개요가 필요하듯
스토리텔링 역시
퍼즐을 맞추는 것과 같이
치밀한 조립이 필요하다.

3초씩 끊어 편집하고 하나의 음악만 사용했을 뿐인데 이 광고는 수상의 영예를 안았다. 1분짜리의 광고를 보고도 마치 여러 개의 다큐멘터리를 본 듯한 기분. 이 같은 구성의 극적 배열과 창의성은 스토리텔링의 중요한 방법 중 하나다.

짧은 것이
기술이다

"Simple is Best." 스티브 잡스가 그의 명작, 아이폰을 가리키며 했던 말이다. 비단 제품이나 디자인에만 국한되는 이야기가 아니다. 광고 기피 현상이 심해지는 요즘은 더욱, 메시지를 간결하게 만들 줄 알아야 한다.

인생에서도 마찬가지다. 때로는 함축적인 한마디가 장광설보다 강력한 힘을 발휘한다.

"주사위는 던져졌다(Alea iacta est)."

"왔노라, 보았노라, 이겼노라(Veni, vidi, vici)."

"인간은 자신이 보고 싶은 것만 본다(Homines id quod volunt credunt)."

"브루투스 너마저(Et tu, Brute)."

이 유명한 촌철살인의 문장들은 모두 로마 공화정 말기의 정치가 율리우스 카이사르Gaius Julius Caesar가 한 말이다. 첫 번째 것은 루비콘 강가에 선 그가 병사들을 독려하며 한 말이고, 두 번째는 기원전 47년 폰토스의 파르나케스 2세와의 전쟁에서 승리한 직후 로마 시민과 원로원에 보낸 승전보로 쓴 글이다. 세 번째는 부하가 거짓 정보를 제공하자 경멸하여 한 말이고, 마지막은 원로원 회의에 참석하기로 한 그가 암살을 당하며 마지막 순간에 남긴 말이다. 카이사르는 간결한 메시지의 힘을 이해한 사람이었던 것인가?

"사람들 사이에 섬이 있다. 그 섬에 가고 싶다."
"뱀 너무 길다."
앞의 것은 시인 정현종의 시 〈섬〉이고 뒤의 것은 쥘 르나르Jules Renard 의 시 〈뱀〉이다. 짧기 때문에 오히려 오래 기억에 남는다. 의미 전달도 더 강력해진다. 독일 건축가 미스 반 데어 로에 Ludwig Mies van der Rohe가 "적은 것이 많은 것이다."라고 한 말이 진리다. 영국 케임브리지 대학교의 심리학박사 케빈 더튼Kevin Dutton은 이를 '초설득'이라 일컬었다. 초설득을 잘 하려면 스파이스(SPICE)라는 5가지 구성 요소가 필요하다.

1. 단순성(Simplicity) : 사람의 뇌는 짧고 단순한 말에 쉽게 설득

된다. 단순한 말일수록 설득력이 높다.

2. 자신에게 유리하다는 생각(Perceived Self-interest) : 상대방의 이익을 극대화하는 표현으로 정보를 제공하면 설득이 쉽다.

3. 부조화(Incongruity) : 조화롭지 않는 개념이 충돌하면 웃게 된다. 일단 웃음을 터뜨리면 마음을 열게 되는 것이다.

4. 신뢰(Confidence) : 믿는 사람을 설득할 수 있다.

5. 감정이입(Empathy) : 상대방의 마음속으로 들어가야 공감대가 생긴다. 단순한 언어로 유머가 풍부한 화술을 구사하면 순식간에 설득이 가능해진다.

브랜드의 생명력
브랜드의 스토리

브랜드의 시대다. 제품이나 서비스뿐 아니라 퍼스널 브랜드도 중요한 시대다. 사람들이 기업에 대해 갖는 브랜드 이미지가 중요함은 더 설명할 필요가 없을 것이다. 브랜드 자산 구축의 측면에서 기업 역시 스토리가 필요하다.

기업이라고 하는 비정서적인 조직도 흥미로운 이야깃거리는 얼마든지 있다. 단지 쓸만한 이야깃거리가 되는지조차 신경 쓰지 않거나, 의식적으로 찾아보지 않았을 뿐이다. 이제 기업에도 스토리텔링 전문 최고책임자가 필요하다. 기업의 영업 방식과 제품, 기술 등 기업이 가진 가치를 친근한 이야기로 전달하는 일은 꿈과 감성의 스토리텔링 시대에 반드시 필요한 작업이다. 재미있고 훈훈한 스토리가 새록새록 피어나는 기업으로 스토리텔링 된다면, 내부 임직원들에게나 대중에게나 긍정적인 이미지로 높은 효과를 만들 수 있을 것이다.

빨간색 쇼트팬츠를 입은 여성이 독재자에게 대항해 커다란 망치를 휘두른다. 역사상 가장 도발적인 것으로 손꼽히는 1984년 애플의 첫 번째 매킨토시 광고다. 조지 오웰의 고전《1984》을 패러디한 것으로 획일적인 시스템을 강요하는 독재자 캐릭터 IBM에 대항하는 여성을 매킨토시로 비유한 이미지다. 무미건조하고 기계화된 방식과 관습에 맞서 변화를 희망하는 캐릭터로 설정한 애플은 기업으로서의 도전을 빗대며 광고 속 주인공이 승리하는 모습으로 결말을 연출했다. 이 영상은 애플 구성원들에게 '우리는 의미 있는 변화를 자유롭게 주도하는 주인공'이라는 인식을 심어주는 한편, 대중에게 그와 같은 이미지를 각인시켰다.

자신만의 이상과 열정으로 세상을 바꾼 아인슈타인과 마틴 루터 킹 같은 위인과 애플을 연결시킨 "다르게 생각하라!" 캠페인

• 1984년에 만들어진 매킨토시 128K 출시 기념 TV 광고는 미국의 한 슈퍼볼 경기 중계에서 보인 뒤 큰 파장을 불러일으켰다. 리들리 스콧이 감독으로 참여한 것으로, 광고 속에서 소설 《1984》의 빅브라더 같은 독재자를 내세워 당시 획일 시스템을 구축한 IBM을 대표했고 그 반대로 빨간색 팬츠를 입고 해머를 던지는 여전사를 내세워 도전적인 매킨토시를 대표했다. 애플은 이런 고차원적인 스토리를 만듦으로써 대중에게 자신들의 기업 가치를 확실하게 인지시켰다.

역시 '자신들이 특별한 일을 한다'는 강력한 기업 가치를 구성원과 대중에게 심어줬다. 애플의 예만 보더라도, 기업 가치를 효과적으로 전달하려는 차원으로 스토리텔링을 잘 활용할 수 있다.

소속 기업의 가치를 효과적으로 전달받은 구성원은 그에 부합하는 태도와 방식으로 업무에 임하게 된다. 물론 소비자들에게도 확고한 아이덴티티를 심어줄 수 있다. 그러나 기업의 핵심 가치

기업의 핵심 가치와 비전은
추상적이고 압축적인 언어로
표현되는 경우가 많아서
공감을 얻어내기가 쉽지 않다.
이때 스토리텔링을 활용하면 효과적이다.
일상의 이야기를 통해
가치와 비전을 좀 더 생생하게
전달할 수 있다.

와 비전은 추상적이고 압축적인 언어로 표현되는 경우가 많아서 공감을 얻기가 쉽지 않다. 이때 스토리텔링을 활용하면 효과적이다. 일상의 이야기를 통해 가치와 비전을 좀 더 생생하게 전달할 수 있다.

산업 경계가 허물어지고 협업이 증가하면서 부서 간 소통과 협력이 점차 중요해지고 있다. 이를 위해 조직 문화는 물론 일하는 방식과 추구하는 방향, 업무 내용 등에 대한 상호이해가 중요하지만 이를 일일이 설명하기란 쉽지 않다. 부서 간 원활한 커뮤니케이션에도 스토리텔링 활용이 가능하다. 다른 부서의 업무 방식이나 내용을 쉽고 재미있는 스토리로 전달하면 불필요한 마찰을 줄이고 새로운 시너지도 기대할 수 있다.

현대자동차그룹은 이런 용도로 스토리텔링을 활용하는 대표적인 사례다. 각 자회사와 부서가 참여해 자신을 대표하는 47개 스토리를 발굴한 다음, 이를 5개 주제로 나눠 책과 온라인 게시판, 스토리 박람회 등 다양한 방식으로 기업 전체에 공유했다. 스토리는 해당 조직 특유의 조직 문화와 지향점을 생생히 담고 있어 다른 부서 직원들의 이해를 높였고 이는 원활한 소통으로 이어졌다.

축적된 업무 관련 지식을 효과적으로 공유하는 데도 스토리텔링은 요긴하게 사용된다. 단순한 정보와 지식을 전달하는데 그치지 않고, 실제 업무에서 실용적으로 활용 가능한 노하우와 암묵적 지식을 효과적으로 나눌 수 있기 때문이다. 특정 경험에 대한 스토리에 이런 암묵적 지식을 포함하면 효과는 배가 된다.

LG CNS는 최근 기업 내 지식 공유를 위해 스토리텔링을 활용한 교육을 시도했다. 기술적 지식을 일방적으로 전달하는 기존 교육 방식은 풍부한 현장 경험을 충분히 담아낼 수 없었다. 스토리텔링을 이용한 교육은 프로젝트 매니저가 실제 프로젝트를 수행하면서 겪은 인간적 고충과 감정, 여러 관련자와의 관계를 모두 포함해 현장에서 직접 프로젝트를 수행하는 데 필요한 노하우와 역량을 효과적으로 교육생에게 전달할 수 있었다.

스토리텔링을 기업 내부의 커뮤니케이션에 활용할 때에는 두 가지 원칙이 있다.

첫째, 구성원의 마음을 움직이고 소통을 원활하게 만들려면 무엇보다 거짓과 과장을 배제한 스토리의 진실성이 중요하다. 좋은 이야기를 전달하겠다는 욕심으로 사실을 왜곡하거나 미래에 대한 환상만 부풀릴 경우 이내 무시당할 가능성이 크다.

둘째, 기업 내 스토리텔링 활용은 잘 만든 스토리를 멋지게 전달하고 끝내는 일회성 이벤트가 아닌 지속성이 중요하다. 스토리텔링이 효과를 발휘하려면 끊임없는 순환시스템을 구축, 이야기가 계속 이어지도록 만들어야 한다. 이를 위해 구성원이 지속적으로 스토리를 접하고 새로운 스토리를 전달할 수 있도록 시간과 공간, 제도를 마련해주는 일도 필요하다.

"사람들은 스토리를 통해 생각하고 말하고 이해하며, 심지어 꿈도 스토리 방식으로 꾼다. 조직에서 무언가를 하려고 할 때 사람을 움직일 수 있는 스토리의 힘을 빌려야 하는 이유다." 스토리텔링의 세계적 전문가로 손꼽히는 스티브 데닝Steve Denning 전 세계은행 지식 경영 디렉터의 말이다.

기존의 딱딱한 커뮤니케이션 방식에서 벗어나야 한다. 구성원의 이해와 공감, 참여를 이끌어낼 수 있는 스토리텔링에 주목해야 한다.

긍정적으로
그리고 사실적으로

노이즈마케팅이 홍보의 한 방법으로 사용되기도 한다. 이 역시 스토리를 만든다는 점에서 유용하긴 하다. 그러나 미국에서 최고의 고객 서비스를 상징하는 대명사, 노드스트롬백화점의 성공 비결을 되짚어보면 노이즈마케팅을 활용하려는 생각은 사라질 것이다. 노드스트롬의 철칙은 고객에게 절대로 'No'라고 하지 않는 것이다. 이 백화점에 얽힌 일화가 몇 가지 있다.

어느 날 중년의 아주머니가 옷 한 벌을 사고는 비행기를 타러 공항에 갔다. 탑승 수속을 밟으려보니 비행기 티켓이 사라진 것을 깨달았다. 백화점에서 서두르다가 티켓을 노드스트롬백화점 의류 매장에 놓고 온 것이다. 난감한 상황에 빠진 고객이 허둥거리고 있을 때, 의류 매장 여직원이 그 티켓을 들고 공항까지 늦지 않게 달려왔다.

한편, 어떤 노인이 노드스트롬백화점 매장에 타이어를 반품하러 왔다. 그런데 그 타이어는 이 매장이 아니라 다른 상점에서 구입한 것이었다. 하지만 판매원은 두말 않고 타이어 값을 즉석에서 내줬다. 심지어 그 매장은 타이어를 판매하지도 않는 곳이었는데 말이다.

세일이 끝난 다음 날, 한 부인이 노드스트롬백화점에 바지를 사러 왔다. 그녀는 세일 기간이 끝난 줄도 모르고 자기가 눈 여겨 봤던 고급 브랜드의 바지를 사려고 했던 데다가 유감스럽게도 그녀에게 맞는 사이즈마저도 모두 팔리고 없었다. 그 고객의 아쉬움을 달래고자 판매원은 고객이 원하는 바지를 다른 곳에서 정가에 사와서 세일 가격으로 고객에게 판매했다.

이와 같이 노드스트롬백화점을 다녀간 소비자가 직접 대면하고 체험한 실제 스토리들이 알려지면서 사람과 사람 사이로 빠르기 퍼져나갔다. 하나의 제품은 한 고객에게 전하지만 감동은 수많은 잠재고객에게 전달된다는 점에서 엄청난 파급력을 발휘하게 마련이다. 스토리는 구전을 가능하게 만든다. 그리고 구전은 존재하는 스토리에 더욱 많은 살을 붙이는 법이다.

여기서 유념해야 할 사실이 하나 있다. 나쁜 스토리가 좋은 스토리보다 더 빨리, 넓게 퍼진다는 것이다. 험담이 더 쉽고 궁금하게 만들기 때문이다. 그래서 종종 역발상의 효과를 노리고 노이즈마케팅으로 스토리를 만들었다가 손해를 보는 경우도 많다.

좋은 것을 보고 들으면 기분이 좋아지는 것처럼 스토리텔링도 마찬가지다. 조금 더디고 당장 효과가 눈에 보이지 않는다 해도 가능하면 긍정적이고 밝게 방향을 잡는 것이 좋다. 나의 생각을 누군가에게 설득하거나 동의를 얻으려면 강요보다 감화가 훨씬 더 강하고 자꾸 상기하게 되는 속성이 있다는 것을 기억하자.

짜릿하게
그리고 따뜻하게

애플에 그 자리를 내주었지만 12년간 인터브랜드 부동의 1위 자리를 굳건히 지켜온 세계 최고의 브랜드가 있다. 바로 코카콜라다. 코카콜라는 브랜드에 꿈과 이야기를 담는 스토리텔링 마케팅의 모범 답안을 보여준다.

코카콜라 스토리텔링 광고로 2012년 칸광고제 필름 부문 은상을 거머쥔 것이 있다. 라틴 아메리카에서 제작된, CCTV를 이용한 광고다. 우리가 CCTV에 대해 가지는 선입견은 '범죄와 교통사고 등 세상의 온갖 부정적인 일을 담아내는 물건'일 것이다. 하지만 코카콜라의 이 광고는 CCTV가 포착한 사람과 사람 사이의 따뜻하고 아름다운 순간들을 매력적인 음악과 함께 이야기해준다.

코카콜라의 이 광고는 "세상은 착하고 따뜻한 사람들이 더 많이 살고 있는 곳이니 조금만 관점을 바꾸어 긍정적인 시선으로 세상을 바라보자"라는 메시지를 감동적으로 표현하는 데 성공했다.

사진 속 강아지는 '니퍼'로, 책상과 의자 다리를 물어뜯는 습관 때문에 그의 주인이 붙여준 이름이다. 이 강아지가 유명해진 것은 그의 주인이 죽은 이후부터로 강아지를 대신해서 키우던 동생

• 그림은 베를리너가 상표로 스토리텔링을 하지 않았다면 수십 년간 누렸던 명성을 얻지 못했을 것이다. 주인의 목소리를 그리워하는 강아지라는 사연이 음악을 사랑하는 이들의 감수성을 자극했던 것이 주효했다. 이 상표는 노래 음반에 붙여져 200만 장의 판매고를 올린 데 기여하기도 한 것으로 알려졌다.

인 화가 프랜시스 바로Francis Barraud에 의해서였다. 어느 날 바로가 축음기를 틀어 놓고 그림을 그리고 있었는데, 니퍼가 사진에서처럼 축음기 앞에 앉아 귀를 기울이는 것이었다. 그 모습에 깊은 인상을 받은 그는 곧바로 그 장면을 그림으로 그렸고, 세상을 떠난 주인의 목소리를 그리워하며 축음기 앞에 앉아 있는 강아지 '니퍼'라는 이야기가 그 안에 담겨졌다.

이 그림을 팔기 위해 바로가 먼저 찾아간 곳은 에디슨의 영국 지사였다. 그림을 본 지사장은 강아지가 음악을 듣는 것 같지 않다며 거절했다. 바로는 낙담하지 않고 에디슨의 경쟁사인 에밀 베를리너Emile Berliner를 찾아갔다. 이 그림의 잠재력을 단번에 알아본 밸리너는 그 자리에서 구매를 결정하면서 그림 속 에디슨의 축음기를 자사의 축음기로 바꿔달라고 부탁했다. 그리고 베를리너는 여기에 HMVHis Master's Voice라는 상표명과 함께 광고 문구를 삽입했다.

"강아지의 이름은 니퍼. 녀석은 한때 자기의 주인과 같이 〈무도회의 권유〉를 자주 들었어요. 지금도 그 음악이 흘러나오면 니퍼는 쫑긋 귀를 기울이고 축음기 앞을 떠나지 못합니다. 주인의 목소리가 들려올지 모른다는 생각에서죠."

베를리너의 예상은 적중했다. 당시 레코드의 주고객들은 여성들이었는데, 주인을 그리워하는 감동적인 이야기가 여심을 크게 움직였던 것이다. 이 상표가 인기를 끌자 베를리너는 회사 이름까지 HMV로 바꿨다. 이 회사가 오늘날 우리에게 익숙한 EMI다.

비록 상업적으로 꾸며진 이야기지만, 레코드의 사례도 코카콜라의 경우처럼 모든 사람에게 익숙한 코드를 자극했다. 사람들은 자기가 살고 있는 세상이 조금 더 따뜻하고 긍정적이기를 바란다. 이는 누구나 갖고 있는 염원과 갈망은 곧 관여도와 개연성이 하는 점을 말하는 것이기도 하다.

식상한 것도
스토리가 더해지면 강렬해진다

인텔 'Corei 5-The Chase'편 광고는 비밀문서를 갖고 있는 미녀 요원이 악당들과 대치하는 내용이다. 스토리는 여자 주인공과 그녀를 추적하는 악당들의 숨 가쁘게 쫓고 쫓기는 장면을 담고 있다. 도망치는 미녀 요원은 윈도우 내의 동영상을 시작으로 인터넷(페이스북) → 이미지 → 아이튠즈 → 여러 MS프로그램 → 메신저 → 포토샵 → 각종 게임 → 인터넷 광고 등 윈도우 기반의 거의 모든 프로그램을 통해 도망 다닌다. 그 과정에 유튜브 동영상 속 수영장에 빠지기도 하고 링크된 인터넷 광고 속의 자동차를 타고 질주하기도 한다. 수십 장의 이미지 파일을 연속적으로 열어 모션

• 인텔 Core i5가 멀티태스킹에 강한 쿼드코어라는 점을 강조하기 위해, 스파이 영화를 방불케 하는 스토리로 광고를 만들었다. 추적물이라는 식상한 기법을 반도체 기업의 스토리는 빠르게, 동시에 할 수 있다는 강점을 소재로 삼아 최초로 적용함으로써 메시지가 신선하고 강하게 전달됐다.

을 보여주는 멀티태스킹의 뛰어난 속도를 보여주기도 한다.

이 광고의 소재인 '추적'은 많은 고전과 신화에서부터 오늘날의 영화와 드라마까지 자주 사용되고 있는 소재다. 이것은 '아슬아슬한 추격전이 벌어지다가 맨 마지막에는 해피엔딩으로 끝나겠구나' 하는 익숙한 구조를 사람들이 받아들이되, 한편으로 신선함과 전개의 긴박감 때문에 눈을 떼지 못하게 한다.

"우리 제품이 좋아요."라는 식의 호소용 광고로는 더 이상 소비자의 반응을 이끌어낼 수 없다. 오락영화처럼 흥미진진한 가상의 이야기를 가져와서 메시지를 전달하는 것도 소비자를 설득할 수 있는 광고의 기법 중 하나다. 이 광고도 익숙하지만 재미있는 이야기에 자연스럽게 눈과 귀를 집중하게 유도하면서, 마지막에 뜨는 인텔의 제품 로고와 한 줄의 카피로 소비자가 수긍하게끔 만드는 것이다. 늘 알고 있던 익숙함과 새로움과의 조화, 인텔의 광고는 그 점을 아주 잘 활용한 사례다.

여전히
전설에 목마르다

어렸을 적 할머니 무릎에 누워 옛날이야기를 해달라고 조르던 기억은 누구에게나 있다. 선생님에게 첫사랑 이야기를 해달라고 떼쓰던 학창시절의 추억도 마찬가지다. 예전이나 지금이나 사람들은 이야기에 목말라한다. 오랜 가뭄 끝에 내리는 단비처럼 가슴 촉촉이 스며드는 이야기, 흐트러진 자세를 바로잡고 귀 기울이는 코끝 찡한 이야기, 피로와 권태로 얼룩진 무기력한 일상의 커튼을 젖히는 햇살 같은 이야기에 말이다.

좋은 스토리가 듣고 싶다. 이 척박한 세상에, 비슷비슷한 제품과 광고가 판치는 세상에, 소통보다 강요가 주를 이루는 세상에. 아무리 좋은 아이디어도 날 것 그대로는 사람들의 마음을 끌어당길 수 없다. 그렇기에 전설이 되는 좋은 스토리는 어떤 문제를 해결하는 아이디어나 누군가를 설득하는 데 있어 갖춰야 할 중요한 포장지인 것이다.

스토리텔링이
아직도 어렵다면

우리는 살면서 많은 글을 쓰게 된다. 글을 쓰기 위해서는 첫 번째로 글감이 될 만한 풍부한 재료들이 필요하다. 두 번째로 재료들을 통해 어떤 생각을 이끌어낼 것인가에 대한 아이디어 작업이 필요하다. 세 번째로는 질서를 갖고 재료를 나열해봄으로서 글을 쓸 준비를 마친다. 중요한 글쓰기에 앞서 대부분의 사람은 이런 방식을 사용한다.

글쓰기 중에서 유독 구성에 신경쓰이는 것이 있다. 편지다. 편지를 쓸 때 우리는 하나의 목적을 갖는다. 그 목적을 이루기 위해 글감을 모으고, 모인 글감을 나의 상황과 받는 이의 상황에 맞춰 재결합한다. 여기서부터 하나의 구성이 시작된다.

편지 중에 가장 극적이며 주관적인 목표가 뚜렷한 것은 연애편지일 것이다. 연애편지만큼 목적이 분명한 글이 어디 있을까?

'나는 너를 좋아하는데 너도 나를 좋아했으면 좋겠다.'라는 연애편지의 결론을 위해 우리는 수많은 이야기를 풀어놓는다. 또한 수많은 언어에 의미를 부여한다. 수많은 수식과 조건 사이에서 잘 짜인 구성은 그 빛을 발하게 된다.

구성의 달인이 되고 싶다면, 스토리텔링의 프로가 되보겠다면 지금 당장 마음속에 품고 있는 그 사람에게 편지 한 장을 써보자.

PARTICIPATION

STEP 5

생각의 결과는 결국 탑승객의 숫자와 평가로 판명된다.
새로운 생각은 사람을 모으고
생각을 퍼뜨리는 기술과 만나 새로운 세상을 열어간다.

당신의 생각을 디지털 세상의 트랜드에 탑재시킬 수 있는가?

참여
생각의 동승자를 모아라

PARTICIPATION

텅 빈 교회는
영혼을 구원할 수 없다

비틀즈나 레드제플린의 5백 원짜리 '해적판'을 사기 위해 세운
상가를 전전하던 시절이 있었다. 그 시절 세운상가에는 정체불명
의 약을 파는 이들의 거리 이벤트를 심심치 않게 볼 수 있었다.
"애들은 가라."라며 원숭이와 함께 몇 가지 마술과 차력쇼를 보여
주더니 추첨용지를 돌리고 어리둥절해 하는 어른들에게 당첨을
축하한다며 천막 안으로 데리고 가 계약금을 받아내던 야바위꾼
들이었다. 약장사든 야바위꾼이든 어쨌거나 그들의 사람 모으는
상술만큼은 정말 대단했다.

사람을 모으는 것은 아주 중요한 기술이다. 훌륭한 목사일수록

찬송가를 잘 부르고 기타 실력도 좋은 법이라는 말처럼, 아무리 좋은 콘텐츠가 있어도 그것을 직접 공감하면서 평가하는 사람이 없다면 아무 소용이 없으니 말이다.

이성과 감성을 넘어, 영혼을 울려 사람들을 직접 참여하게 만들거나, 자연스럽게 참여를 시켜 깊은 감동을 주는 아이디어가 필요하다. 그 '참여'의 조건으로 누구에게나 적용이 가능한 일상적인 것, 가급적 진한 공감을 이끄는 감동인 것일수록 좋다. 그래서 가장 용이한 방법이 가족, 사랑, 인생 등에 초점을 맞추고 일반인들의 실제 이야기를 녹여 공감을 통한 감성 참여를 이끄는 형식이다.

예컨대 수많은 이의 눈시울을 뜨겁게 만들었던 KB금융그룹의 '하늘같은 든든함, 아버지' 광고 같은 것 말이다. 이 광고에서는 40개월 미만의 자녀를 둔 젊은 아버지들을 대상으로, 아동 학습 발달에 미치는 아빠의 역할이라는 명목으로 설문조사하는 몰래카메라를 실시했다. 아이에 대한 걱정으로 시작된 설문에 모두 진지하게 임하던 중, 질문지의 주어가 바뀌면서 의외의 설문이 시작됐다. "아버지에게 사랑한다고 마지막으로 말한 건 언제인가요?", "당신 차에, 핸드폰에, 책상 위에, 지갑 속에 아버지의 사진이 몇 장이나 있나요?" 등 아이에게 맞춰졌던 초점이 아버지로 바뀌자 설문을 하던 이들의 눈가가 촉촉해지기 시작했다. 그리고

사람들이 단순히 고개를 끄덕거리게 하는
아이디어 수준을 넘어서야 한다.
자신의 지인들에게 알리고 싶은 마음이
저절로 들도록,
그렇게 참여하고 싶은
마음이 들도록 해야 한다.
이것은 사회적 공감, 공유가치의 발견이다.

앞에 설치된 TV에서 아버지의 모습이 나타났다. 설문자들은 하나 같이 먹먹함에 울먹였다. 이 광고는 금융 기업으로서의 이미지를 부각시키고자, 젊은 아버지들을 자연스럽게 참여시켜 아버지의 든든함을 감동적으로 표현한 것으로 영상을 보는 사람들에게까지 깊은 감동을 줬다.

이렇게 감성 참여를 일으키는 것이 있는가 하면, 의지 참여를 이끄는 방법도 있다. 가치관이나 신념에 대한 것이 작동된 경우인데, 대표적으로 우리에게 잘 알려진 '나꼼수'가 그렇다.

몇 년 전 딴지라디오의 팟캐스트 〈나는 꼼수다〉가 나라를 뒤흔들었다. 한 설문조사에 의하면 대한민국 유권자 중 6백만 명 이상이 이 방송을 들어본 적이 있다고 답했다. 그 나물에 그 밥이라는 정치적 허무에 빠져 있는 현실을 생각하면 가히 혁명적인 숫자다.

해적방송에 불과했던 정치 풍자 팟캐스트 〈나는 꼼수다〉가 한국의 젊은이들의 열렬한 지지를 받았던 비결은 시사계의 아이돌이라고 해도 무방한 4인방의 거침없는 논변이었다. 대통령과 그의 수족들, 고위 공무원, 국회의원, 언론사 사주, 외국 기업 등 모든 권력의 꼼수를 낱낱이 고발하는 날카로움이었다. 그들이 사용하는 언어 또한 방송의 제약으로부터 자유로웠다. 근엄한 분위기나 '꼰대' 같은 가르침 없이 직설적으로 비판하고, 풍자적으로 비

진실은 감옥에 가둘 수 없습니다

2011년 겨울,

우리는 보았습니다.
무너진 삼권분립과 짓밟힌 민주주의를,
비리가 도덕을 억압하고,
거짓이 진실을 구속하는 것을 보았습니다.

잊지 않겠습니다. 행동하겠습니다.

사람을 감옥에 가둘 수는 있어도
진실을 감옥에 가둘 수는 없습니다

민주주의를 향한 모두의 발걸음에
우리의 한 걸음을 더합니다.

-민주주의를 염원하는 이화여자대학교 재학생 및 졸업생 865명-
· 이 광고는 이화인의 자발적인 모금으로 게재되었습니다.

● 이 탄원성 광고는 이화여자대학교의 학생 1,000여 명이 자발적으로 참여한 모금활동을 통해 제작되고 게재됐다. 최근 SNS를 통한 문화 사회 운동이 확산되고 있는데, 이 탄원성 광고가 그 힘을 보여준 사례이기도 하다.

유하며, 때론 욕설 같은 추임새도 곁들였다. 젊은 청취자들을 사로잡았던 이유는 비장미가 아니라 해학미에 있었다.

그러나 방송 내용이 장난으로만 끝나거나 진정성이 없는 것은 아니었다. 〈나는 꼼수다〉는 정치에 대한 시민들의 불만과 불안을 제대로 대변했다. 그리고 인터넷 방송뿐 아니라 전국 콘서트와 책 사인회, 강연, 시위 등 청취자와의 만남 등을 통해 기획방송의 한계를 넘어선 일종의 사회 문화 운동을 펼쳤다. 정치에 대해 초보적인 인식에 머물러 있던 20대들은 방송을 챙겨 듣고, 〈나는 꼼수다〉 출연진이 쓴 책을 사서 읽고, 콘서트를 예매하는 등 적극적으로 참여했다.

〈나는 꼼수다〉가 시민들을 근거 없는 소문과 비난으로 선동한다고 지적하는 목소리도 없지 않았다. 그러나 격식 파괴에 성공한 시사 토크쇼이자 특히 젊은 층에게 정치에 대한 관심과 참여를 불러왔다는 사실 자체는 부인할 수 없다.

이화여자대학교 재학생과 졸업생 1000여 명이 자발적으로 참여해 제작한 광고가 국내 주요 일간지 두 군데에 게재된 적이 있었다. '진실은 감옥에 가둘 수 없다'는 제목으로 한겨레 1면 하단과 경향신문 20면 전면에 실린 이 광고는 SNS를 통해 전국으로 확산됐다. BBK 관련 허위사실을 유포한 혐의로 정봉주 전 민주당 국회의원이 대법원에서 징역 1년형으로 판결을 받을 때 대법원 청사 앞에서 집회 중이었던 한 여성이 내건 메시지였다. 이후 〈나는 꼼수다〉 공동 진행자인 주진우 기자와 이종걸 민주통합당 의원 등이 이것을 인용하면서, 정 전 의원의 유죄 확정 사태를 대표하는 표어가 되었다.

이 탄원 광고 역시 참여를 유도한 케이스다. 처음에는 이화여대 온라인 커뮤니티 '이화이언'을 중심으로 추진되다가 학생들의 자발적인 모금을 통해 광고 제작과 게재비용이 마련됐다. 모금에 참여한 학생은 신문사에 광고 시안을 보내기까지 800명이 넘었고 이후 1000명 이상으로 늘어났다. 관련된 이화여대 학생들은 광고 비용 모금부터 광고 시안 제작까지 전 과정에 아무런 대가 없이 참여하며 열의를 띠었다.

세계적인 마케팅의 대가 필립 코틀러Philip Kotler는 그의 저서 《마케팅 3.0》에서 "3.0은 소비자 중심시대다. 기업은 뉴웨이브 기술을 이용해 소비자들과 협력하고 세계화의 모순과 지역 사회 문제에 관심을 가지며, 영적인 시각으로 창의적인 프로젝트를 실행해야 한다."라고 하며 능동적인 소비자와 기업이 상생하는 요즘의 3.0 시장에서는 이성과 감성을 넘어 영혼을 감동시키는 마케팅을 해야 한다고 주장한다.

사람들이 단순히 고개를 끄덕거리게 하는 아이디어 수준을 넘어서야 한다. 자신의 지인들에게 알리고 싶은 마음이 저절로 들도록, 그렇게 참여하고 싶은 마음이 들도록 해야 한다. 이것은 사회적 공감, 공유가치의 발견이다. 주위를 둘러보자. 지금 이 순간에도 우리 주변의 수많은 공유가치가 우리를 기다리고 있다.

문화를 바꾸는
참여의 기술

예술도 시대에 맞게 변화한다. 중세에서 르네상스로 옮겨오며 예술이 인간의 참모습에 눈을 떴듯, 예술은 변화하는 시대를 고스란히 반영한다. 현대 예술도 마찬가지여서 '참여'라는 요소가 예술에 속속 반영되고 있다. 대표적인 예가 트릭아트다. 기존 전시회의 주인공이 완성된 작품들이었다면 트릭아트는 관람객이 참여했을 때 그 작품이 비로소 완성된다.

이 새로운 전시 형식은 SNS의 탄생과 연관이 깊다. SNS 공간에 자신의 사진을 올리고 공유를 즐기는 세태를 트릭아트 전시는 잘 반영하여 성공했다. 기존의 2차원적인 유명 작품 속에 관람객이 3차원적으로 참여하여 작품의 주인공이 돼보는 것. 이런 신기한 경험은 SNS를 통해 급속하게 퍼져나갔고 다른 많은 관객을 불러 모았다. 재미를 추구하는 시대적 욕구와 SNS의 사진 업로드 문화를 잘 활용한 것이다.

SNS 유저들이 퍼뜨리는 문화 정보들을 우리는 매순간 자연스레 받아들이고 있다. 일반인들의 '일상 문화'가 온갖 SNS에 넘쳐나고 있다. 영화를 보고 공연을 즐기고 전시회를 다녀온 이들이 그 장면을 어김없이 SNS에 보고하듯 써서 올린다. 그 덕분에 다양한 예술이 소통되고 공감된다. 참여를 문화로 승화시키는 기술이 필요하다. 누군가의 참여가 결국은 대중문화라는 큰 산맥의 흐름을 변화시킬 수 있다.

오디션 프로그램 〈슈퍼스타K〉와 우리나라의 대표적인 장수 프로그램 〈전국노래자랑〉같이 대중의 변화를 극명하게 보여주는 사례는 드물다.

〈전국노래자랑〉은 30년이 넘는 시간동안 독보적인 아성을 쌓아온 국민프로그램으로, 타 방송사에서 수많은 유사 프로그램을 내세웠지만 그에 대적할 수 없었다. 동네사람 다 모이는 흥겨운 잔치라는 우리 정서에 맞는 형식, 오랜 연륜의 정겨운 사회자, 내 이웃과 같은 출연자, 꾸밈없는 내용 등의 틀은 변하지 않아도 범국민적인 대중문화로 자리잡았다. 그리고 때가 되면 재외동포 노래자랑, 외국인노동자 노래자랑, 연말 왕중왕전 등을 기획하면서 다양한 노력을 통해 최고의 자리를 굳히고 있다.

일곱 번째 시즌을 마친 〈슈퍼스타K〉는 혁명적인 프로그램이다. 십수 년 전 케이블 TV가 폭발적으로 성장하던 시절도 있었고 기업 간 합병과 프로그램의 질적으로 지상파에도 견줄만한 함량을 갖췄다는 평가를 받고 있지만, 지금까지 방송이나 광고 업계 사람들에게 케이블은 여전히 케이블일 뿐이다. 하지만 〈슈퍼스타K〉는 다르다. 동시간대 지상파 방송의 시청률과 접전을 펼치는 것이 아니라 매번 KO승을 거두고 있는 것이다. 매주 금요일 밤은 Mnet에게는 축제의 밤이지만 지상파에게는 치욕의 밤이다.

〈슈퍼스타K〉의 힘은 '온 국민들과 함께 만드는 프로그램'이라는 특징이다. 다시 말해 시청자들의 '참여'다. 대한민국의 모든 국민이 오디션을 치르는 후보인 동시에 누구를 올해 최고의 스타로 만들지 결정하는 가장 강력한 심사위원이 된다. 〈슈퍼스타K〉 본선 심사배점은 사전온라인투표 10%, 심사위원 3인 30%, 대국민 문자투표 60%. 심사위원들의 점수 차이가 크지 않다는 점을 고려하면 사실상 본선에서 매 단계 생존과 탈락을 결정하는 유일한 심사위원이 바로 시청자들인 셈이다.

이런 특징 때문에 때로는 외모나 개인의 과거 등 노래 실력과 무관한 요소에 의해 당락이 결정된다는 우려와 비난 섞인 논란이 일기도 했다. 그러나 한 대중음악 전문가는 노래를 가장 잘 하는 사람이 아니라 가장 대중들을 즐겁게 해줄 연예인, 즉 스타를 뽑는 자리이므로 대중의 선택이 옳지 못하다는 것 자체가 어불성설이라 하기도 했다.

〈전국노래자랑〉에서 단 3명의 심사위원이 권위의 상징인 실로폰으로 인기상부터 대상까지 결정한다면, 〈슈퍼스타K〉는 매주 70만 명 이상의 시청자가 휴대폰 비용까지 지불하고 보낸 문자메시지로 우승자를 결정한다. 이처럼 전 국민에 의해 만들어진 '슈퍼스타'는 대중의 인기를 장착하고 연예계에 데뷔하여 대중문화 전반을 이끌고 있다.

전국노래자랑의 시청자들이 중장년층 이상인 데 비해 〈슈퍼스타K〉의 주 시청자는 활달하고 자기표현에 적극적인 10대부터 40대까지다. 〈슈퍼스타K〉는 이 계층을 프로그램에 직접 참여하게 함으로써 방송에 대한 몰입도와 방송 끝난 후의 지속적인 관심까지 유도해냈다.

미국 건국의 아버지로 불리는 벤자민 프랭클린Benjamin Franklin이 "내게 말해보라. 잊을 것이다. 나를 가르쳐라. 기억할 것이다. 나를 참여시켜라. 배울 것이다."라고 남긴 말처럼 단순히 말로 전하는 것보다는 가르쳐주는 것이 더 기억에 잘 남고, 가르쳐주는 것보다는 참여시킬 때 더 깊이 뇌리에 남기 마련이다. 사람은 자기 자신이 참여할 때 더 큰 에너지를 쓰고 더 큰 에너지를 쓴 만큼 더 큰 관심을 갖고 기대하게 된다.

이처럼 내가 낸 아이디어에 사람들을 참여시키면 그들은 더 크게 신경을 쓰고 더 큰 관심을 갖게 될 것이다. 그리고 더 많은 주위사람에게 나의 아이디어를 이야기할 것이다. 〈슈퍼스타K〉의 흥행 여부가 문자 투표에 참여하는 국민들의 숫자에 달려 있듯, 아이디어가 이상적인 것으로 빛나려면 사람들의 참여가 관건이다.

행동을 유발하는 확산의 기술

2009년, 미국 LA를 비롯한 세계 각국에서에서는 마이클 잭슨

• 2009년, 마이클 잭슨이 사망하고 멕시코에서 추모하기 위한 〈스릴러〉 플래시몹이 있었
다. 이때 참가한 인원이 13,000명이었다. 마이클 잭슨이라는 문화가 개개인의 삶에 하나
의 역사로 자리했음을 보여준 것이기도 하다.

의 수많은 팬이 동시에 같은 춤을 추는 행사가 벌어졌다. 37개국
의 약 2만 명이, 마이클 잭슨이 〈스릴러〉를 부르며 추던 춤을 똑같
이 따라하는 것이었다. 모두가 하나로 움직이는 모습은 〈스릴러〉
의 한 장면을 떠올리기에 부족함이 없었다. 이 플래시몹은 그 상황
과 모습 자체로 사람들의 관심과 참여를 이끌어내기 충분했다.

디지털 시대에서 군중 속의 고독이 가득한 세상에 이 같은 아
이디어가 더욱 양산되고 있다. 최근 화제가 된 '슬럿워크'가 대표

적인 예라고 할 수 있다. 이것은 참여형 여성 운동을 의미한다. 슬럿워크가 벌어지면 여성들이 야한 옷차림으로 거리에 나와 행진을 시작한다. 멕시코시티에서도 이 슬럿워크가 있었다. 짧은 치마에 굽이 높은 구두를 신은 수백 명의 여성이 "싫다는 말은 정말 싫다는 뜻이다!"라는 플래카드를 들고 거리에 나왔다. 각 방송국에서 취재를 나와 시위하는 여성 참여자들을 인터뷰했고, 영상을 통해 멕시코 여성들의 이야기가 세계적으로 전파를 탔다. 그녀들이 거리로 나온 이유는 아직도 멕시코 몇몇 주에 남은, 가문의 명예를 더럽힌 여성을 가족들이 살해하는 '명예 살인'의 관습 철폐를 촉구하고 나볼라토 시의 시장이 "10대들이 임신하지 않도록 미니스커트를 금지하자."라고 독려했던 주장을 각성시키고자 함이었다. 한국에서도 슬럿워크 소위, '잡년 행진' 참가자들이 광화문 거리에서 이와 같은 행진을 한 적이 있다.

"여성은 성폭행의 피해자가 되지 않기 위해서 매춘부처럼 보이는 난잡한 옷차림을 해선 안 된다."라고 했던 캐나다 어느 경찰관의 말을 비꼬기 위해 시작된 이 여성의 자기 결정권 강조 운동은 전 세계 백여 개의 주요 도시로 급속히 확산되고 있다.

이런 자연발생적 형태와 달리, 행위 예술과 접목시켜 간접적인 참여로 만든 아이디어 사례도 있다. 미국 뉴올리언즈 마리니가 900번지의 공공디자이너이며 도시계획가인 캔디 창Candy Chang

은 미국의 슬럼가에 오랫동안 폐허로 버려진 건물 벽을 마을 사람들의 소통 공간으로 탈바꿈한 일이다. "죽기 전에 꼭 하고 싶은 게 있다면 무엇입니까?"라는 질문이 크게 적힌 칠판을 이 공간의 중요한 곳에 내보이면서 수많은 사람의 시선을 붙잡았고, 관광객들을 불러모으기까지 했다.

　누군가의 행동을 유발하려면 상당히 복합적인 상호작용이 필요하다. 공감할 수 있는 내용, 군더더기 없는 설득이 중요하다. 특히나 모바일 환경에 푹 빠져 있는 이 시대에 사람들을 모으는 기술은 나날이 중요해져간다. 사람들의 행동을 자발적으로 이끌어낼 수 있는 참여의 아이디어에는 어떤 것이 있을까.

　"나는 S-Oil, S-Oil 좋은 기름이니까."라는 CM송으로 유명한 S-Oil의 광고를 기획한 적이 있다. 담당한 광고 부분의 캐치프레이즈는 "잘 나가세요."였다. 자동차나 우리 인생이나 잘 나가고 싶은 마음은 같을 거라는 생각에, 사람들에게도 즉물적으로 인식시켜 공감하게 만들자는 취지였다. 유모차부터 자전거, 오토바이, 경차, 중형차, 대형차, 트럭 모두 7대를 S-Oil의 메인 컬러인 노란색으로 칠한 뒤, CM송을 틀면서 여의도 일대를 드라이빙 퍼포먼스로 돌았다. 사람들이 삼삼오오 모여들더니 CM송을 따라 부르면서 퍼포먼스 장면을 휴대전화 카메라로 찍어 SNS으로 공유하기 시작했다. 우리 모두 정말 잘 달리고 잘 나가고 싶어 하는

상대방의 심장을 뛰게 할,
마음을 움직일 결정적인 요소가
반드시 필요하다.
가슴을 벅차오르게 하는 감동이나
허를 찌르는 경구 같이
심리를 작동시키는 것이 있어야지만
사람들은 비로소 무거운 엉덩이를 떼고
행동을 시작한다.

마음을 공략해 '쭉쭉 잘 나가게 해주는 좋은 오일'이라는 이미지를 만들고 사람들이 동의하게 만드는 여러 퍼포먼스와 CM송을 통해 S-Oil의 인상을 사람들에게 강하게 인식시켰다.

입을 탓하지 말고
단맛을 입혀라

몸을 위한 성분이지만 입에는 쓴 알약에 달콤한 옷을 입인 당의정처럼 기업은 전달하고 싶은 메시지와 정보, 가치에 달콤한 옷을 입혀 성공을 거두곤 한다. 여기서 달콤한 옷은 소비자들을 열광하는 재미와 감동이다. 소비자는 달콤한 TV드라마를 즐기기 위해 보기 싫은 광고 시간을 꾹 참는다. 성공한 소비자 참여 아이디어들의 공통점은 '약'이 아니라 '단맛'에 있다.

브랜드가 어필하고 싶은 것만 앞에 내세운다면 대중의 참여는 거의 불가능하다. 냉정하고 입이 짧은 소비자를 탓할 것이 아니라 달콤한 옷을 입히지 않은 기업을 탓할 일이다. 사람은 게으른 동물이다. 한없이 엉덩이가 무거워 웬만해선 움직이지 않는다. 자신에게 이득이 있어야 비로소 행동하는 법이다.

참여는 움직이는 일이다. 무언가를 위해 표현하고 주장하고 행동하는 일이다. 엉덩이가 바위만큼 무거운 사람들이 굳이 뭔가에 참여하는 이유는 스스로 생각하기에 그것이 이득이 되는 때문이다. 금전적으로든 정서적으로든 자신에게 이롭기 때문에 참여하는 것이다. 자신이 어떤 일에 참여하는 것은 쉽다. 본인의 의지에 의해 직접 움직이면 되니까. 그러나 자신이 아닌 다른 사람을 참여하도록 하는 것은 상당히 어렵다. 자신의 의지나 행동과는 근본적으로 다른 문제다. 작은 것이라도 타인의 행동을 유도하려면 '설득'이라는 멀고도 먼 과정을 거쳐야 한다. 그게 때로는 알프스 산맥을 넘듯 아득하며 험난하다.

누군가의 행동을 유발하기 위해서는 상당히 복합적인 상호작용이 필요하다. 말투도 중요하고 옷차림도 중요하다. 물론 용모와 말솜씨만으로 누군가의 참여를 유발시킬 수 있는 것은 아니다. 감성의 시대로 불리는 요즘은 더욱 그렇다. 상대방의 심장을 뛰게 할, 마음을 움직일 결정적인 요소가 반드시 필요하다. 가슴을 벅차오르게 하는 감동이나 허를 찌르는 경구 같이 심리를 작동시키는 것이 있어야지만 사람들은 비로소 무거운 엉덩이를 떼고 행동을 시작한다.

소비자가 제품을
직접 만드는 세상

　날마다 광고에 대한 대중의 반응이 무뎌지고 있다. 반면에 시장은 너무 빠르게 변하고 있다. 수많은 광고와 마케팅 용어, 이론들이 난무하지만 정작 소비자들은 갈수록 광고를 회피하고 있다.

　"기술이 커뮤니케이션을 결정짓는다."라고 했던 미디어학자 마셜 맥루한Herbert Marshall McLuhan의 말처럼 스마트미디어나 휴대용 PC, 무선인터넷, 클라우드 서비스 등 새로운 디지털 기술의 전파가 채널을 확장시키고 커뮤니케이션 양식을 변화시키는 중이다. 다양해진 정보 채널 앞에 선 소비자들은 이제 대량으로 뿌려지는 매스미디어 메시지를 거부한다. 대신에 정보를 선별해서 받아들인다. 그래서 고객을 브랜드 경험 속으로 어떻게 참여시킬 것인가에 대한 이슈가 더욱 중요해진 것이다.

　몇 년 전 종로 거리 한가운데 피아노 건반처럼 밟으면 소리가 나는 계단이 있었다. 이 아이디어의 원조는 폭스바겐이다. 폭스바겐은 연비가 좋고 이산화탄소 배출량이 적은 친환경 기술 '블루모션'의 우수성을 알리기 위해 'The fun theory' 캠페인을 실시했다. "폭스바겐이 블루모션을 만든 이유는 인간을 더 즐겁게 만들기 위한 것"이라는 문장이 아이디어의 출발점이었다.

폭스바겐은 소비자들이 스스로 똑똑한 선택을 할 수 있다는 사실을 믿고, 세상을 아름답게 만드는 재미있고 참신한 아이디어의 힘을 증명해 보이기로 했다. 그런 취지로 쓰레기를 버리면 소리가 나는 휴지통, 실제로 소리가 나는 피아노 건반 랩핑 계단, 빈병을 버리면 전자 게임을 즐길 수 있는 분리수거함을 만들고 사람들의 참여를 유발해 블루모션이 환경 친화적인 차량이라는 메시지를 성공적으로 전달했다.

또다른 예로 세계 최대의 단일 광고대행사인 일본의 덴츠는 '크로스위치'라는 전략모델을 택했다.

"대량의 소비자에게 메시지를 던지는 시대는 이미 끝났다. 소비자들은 스스로를 튼튼한 정보보호의 움막에 가둠으로써 예전에 비해 과도하게 많아진 정보로부터 스스로를 보호하고 있다. 이제 우리가 해야 할 일은 그들이 흥미를 느끼고 스스로 움막으로부터 나오도록 만드는 것이다. 직접 정보를 찾고 행사에 참여하고 문제를 풀도록 기획하고 유도하는 것이다."

소비자가 존재하지 않으면 마케팅은 존재할 수 없다. 더 나아가 고객이 제품의 탄생에 참여하는 프로슈머의 경향이 늘어나고 있다.

프로슈머는 생산자이자 동시에 소비자다. 자연스럽게 소비자의 참여가 이루어진다. 소비자 의견을 적극 반영하는 프로슈머 마케팅은 더욱 폭넓게 확산되고 있다.

프로슈머 마케팅은 1990년대의 국내 드라마에서 특히 두드러진다. 당시 선풍적인 인기를 끌었던 KBS드라마 〈첫사랑〉에서 주인공 찬혁은 효경의 외삼촌에 의해 교통사고를 당하게 되고, 혼수상태에 빠지고 만다. 그 전 회가 방영되고 난 직후부터, 어디를 가든 찬혁이 드라마 내내 혼수상태에 빠져 있을 것이라고 소문이 돌아 시끌시끌해 있었다. 시청자들은 효경과 찬혁의 러브스토리가 깨질 것을 가슴 아파하며 행동에 나섰고, KBS드라마국은 24시간 동안 전화통에 불이 났다. 범국민적으로 대동단결한 결과, 극중 찬혁을 혼수상태로부터 깨어나게 만들었던 웃지 못할 예화도 있었다.

방송가에서 전설처럼 회자되는 이 에피소드는 소비자들의 참여가 공급자의 제품을 바꾸어놓을 수 있음을 잘 보여주는 단적인 예다. 소위 아날로그 시대에도 이렇듯 프로슈머의 힘은 대단했다. 하물며 화장실에서 볼일을 보다가도 제품에 대한 불만을 눈에 올릴 수 있는 요즘 세상에, 종국에는 컨슈머라는 단어 자체가 무의미해질지도 모르겠다.

한 번의 터치로
가능하게 하라

UCC와 SNS를 이용한 참여형 광고가 꽤 성공적인 호평을 받고 있다. 2009년 가을, 이케아는 스웨덴 말뫼에 새로운 지점을 내면서 적은 비용으로 고객들의 참여를 유도할 수 있는 전략을 세웠다. 지점장이 2주 동안 12장의 사진을 본인의 페이스북에 업로드하는 방식이었다. 이 사진에 있는 제품에 태그와 댓글 참여 등의 이벤트를 쉬지 않고 이어가며 자연스러운 입소문 효과를 이끌어냈다. 특히 쇼룸에 있는 아이템을 가장 먼저 태그하는 사람에게 그 아이템을 증정하는 이벤트 반응은 폭발적이었다. 이 결과 말뫼 매장은 이케아의 대대적인 홍보 본부가 되었다. 페이스북이라는 SNS를 이용해 입소문을 타면서 바이럴 마케팅의 진수를 보여준 사례다.

하이네켄의 데스페라도 맥주 UCC광고도 이런 참여 형식을 보여준다. 어느 소비자가 직접 파티에 참석하는데, 자신의 생년월일과 만나고 싶은 파트너의 성별을 입력해서 입장한다. 파티 장소에서 금발 미녀가 맥주를 건네자 그녀와 페이스북으로 친구를 맺을 수 있게 연동이 되고, 파티가 무르익어가면서 페이스북이나 트위터 등 여러 가지 SNS와 자동으로 연동되는 모습이 그려진다.

27 October at 18:53 · Delete

Malin Bondeson I won!!! =) =)
27 October at 18:53 · Delete

Gordon Gustavsson Congratulations Veronica Hemligt,
Linda Croberg and Lizette Andersson! You were the first
ones to tag the right products!!
27 October at 18:54 · Delete

Gordon Gustavsson THE COMPETITION IS OVER FOR
THIS TIME!!
27 October at 18:54 · Delete

Linda Cronberg Thanks alot!! :)
27 October at 18:55 · Delete

Veronica Hemligt Cool! Thank you so much!

● 안톤 버그는 매장을 방문한 고객이 선행을 공개적으로 약속하면 초콜릿을 증정하는 이벤트를 확산하면서 브랜드 이미지를 알리는데 성과를 이뤘을 뿐 아니라, 사람들에게 선행의 가치를 다시금 일깨웠다는 데 큰 의의가 있다.

이것은 업체와 소비자와의 소통법이 기술과 브라우저의 발전에 따라 더욱 체험 중심적으로 바뀔 것이라는 예측을 말해주는 인터랙티브 광고다.

　당연한 말이겠지만 이제는 메시지보다 소비자의 경험이 더 중요한 시기다. 소비자의 경험이 미치는 파급력의 범위는 장차 더욱 확대될 것이다.

　덴마크의 유명 초콜릿 브랜드 안톤 버그는 소셜미디어를 이용한 아이디어 팝업스토어 프로모션을 진행했다. "더 많은 사람이 다른 사람들에게 지금보다 조금 더 많은 친절과 관용을 베푼다면 세상은 더 따뜻해질 수 있을 것이다."라는 따뜻한 브랜드 메시지를 많은 사람에게 전달하기 위해 'The Generous Store Project'라는 이름의 프로젝트를 시작했다. 매장을 방문하는 고객이 주변의 사람들에게 건네려는 선행을 공개적으로 약속하면 안톤 버그 초콜릿을 선물로 받는 이벤트였다.

이 프로젝트를 위해 안톤 버그는 덴마크 코펜하겐의 중심에 팝업스토어를 열고 다양한 초콜릿 제품들을 진열해뒀다. 가격이 표시되어야 할 자리에는 고객이 장차 약속한 선행의 내용이 적혀 있었다. 가령 "일주일 동안 여자친구가 운전할 때 어떠한 잔소리도 하지 않겠다.", "침대에 누워 있는 애인에게 아침식사를 만들어주겠다."라는 식의 누구나 쉽게 행동으로 참여 가능한 선행들을 표시해둔 것이다. 이것 중 하나를 선택하고서 안톤 버그의 페이스북과 선행 받을 이의 페이스북 계정에도 공개하는 포스팅을 한 뒤 약속한 선행을 지키고 나면 초콜릿을 받는 시스템이었다.

반응은 폭발적이었다. 수많은 선행 약속이 페이스북의 담벼락을 통해 노출되고 공유됐다. 사람들은 이에 그치지 않고 팝업스토어 매장에서의 흥미 있는 선행 내용들을 자신의 페이스북 계정에 올려 소개했다. 심지어 이벤트가 끝난 후에도, 사람들은 자신들이 약속한 선행을 실천하고는 인증하는 사진들을 안톤 버그의

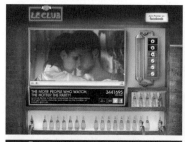

• 페리에의 디지털 인터렉티브 캠페인은 마치 게임하듯 참여율을 미션으로 삼아 단계별로 설정해 더욱 궁금증을 불러일으켜 홍보 효과를 배가시켰다.

페이스북 페이지에 댓글로 올릴 정도로 지속적으로 큰 애정을 보냈다. 단순히 사은품을 제공하는 차원을 넘어, 선행을 약속하는 따뜻한 행동을 통해서 제품의 구매를 유도했던 지혜로운 아이디어였다.

프랑스 탄산수 페리에는 유튜브 플랫폼에 재미있는 디지털 인터렉티브 캠페인을 선보였다. 'Le Club Perrier'라는 이름의 이 캠페인은 유튜브 채널에 6개의 영상 콘텐츠를 공개하고, 영상을 보는 사람이 많으면 많을수록 더 색다르고 비밀스러운 콘텐츠가 담긴 영상을 단계별로 추가 공개하는 방식이었다. "보는 사람이 많으면 많을수록 더 핫하고 섹시한 영상을 감상할 수 있다!"

이 영상의 내용은 한 여성이 섹시하고 뜨거운 분위기의 은밀한 파티장을 둘러보다가 마지막에 페리에 음료를 마시는 모습이다. 스테이지2에서 스테이지6까지의 영상은 여성이 은밀하고 매혹적인 파티장을 방문하는 장면을 담고 있다. 유튜브의 영상 조회 수가 많아지고 높은 단계로 올라갈수록 영상 속의 파티장의 현장은 점점 더 섹시해지고 뜨거워진다. 채널 방문자들은 단계별로 만들어진 영상들을 자신의 SNS 공간에 공유하고 사람들에게 직접 홍보하면서 더 섹시하고 핫한 영상을 뜨겁게 갈구했다.

페리에는 창의적인 방식으로 유튜브 채널의 플랫폼을 활용해서 고객의 적극적인 참여를 이끌어낼 수 있었다.

버거킹에서는 대표 메뉴 와퍼를 홍보하기 위해 대대적인 캠페인을 진행했다. "공짜 와퍼를 위해 친구 10명을 희생의 제물로 바칠 수 있겠습니까?" 페이스북의 친구 10명을 삭제하면 버거 교환 쿠폰을 지급하겠다는 조건이었다. 캠페인은 선풍적인 반응을 일으켰다. 친구냐 햄버거냐의 선택에 무려 23만여 명이 친구를 '희생'시키고 와퍼를 선택했다.

10명의 친구를 모두 삭제하면 화면에는 "와퍼에 대한 사랑을 증명했지만 아직 희생이 더 필요하다."라는 메시지가 뜨고 삭제된 친구에게는 "넌 와퍼 때문에 버려졌어."라는 메시지가 뜬다. 이 발칙한 광고는 버거킹의 타깃층이 포진한 페이스북에서 순식간에 이목을 집중시키며 성공적인 광고 효과를 냈다. 동시에 관계가 끊긴 친구들에게 전달된 메시지에 의해 '연쇄 홍보'를 할 수 있었다. 자연스럽게 입소문 효과를 낼 수 있었던 것이다. 비록 사생활 침해의 우려로 캠페인은 조기 중단되었지만 광고는 엄청난 파급 효과를 일으켰다.

버거킹은 매체를 가리지 않고 새로운 시도를 많이 하는 것으로 유명하다. 2007년 선보인 '와퍼 프리크 아웃'은 버거킹의 최고 인기 메뉴 와퍼를 이틀간 메뉴에서 지워버리고 사람들의 반응을 몰래 카메라로 찍은 파격 광고였다. 이를 통해 와퍼의 인기를 어떤 광고보다 솔직하게 증명할 수 있었다. 또한 '와퍼 버진'이라는 캠페인도 있었다. 햄버거 맛을 잘 모르는 오지 사람에게 와퍼와 경쟁사인 맥도널드의 빅맥을 시식하게 하고 어떤 것이 더 맛있는지 비교하게 한 다큐멘터리 형식의 광고였다.

버거킹의 모든 캠페인은 소비자들의 참여를 유도했다는 공통점을 가지고 있다. 자발적인 참여를 목표로 한 것은 아니지만, 자의든 타의든 소비자가 본격적으로 참여해 만든 광고임에는 분명했다.

2012년, 10대 건설사 가운데 아파트 브랜드 인지도가 낮은 편인 SK건설은 브랜드 'SK VIEW'의 인지도를 높이기 위해 고심했다. 한정된 예산으로 전통적인 CF나 인쇄 광고를 한다 해도, 이미 확고하게 굳어진 상위권 브랜드의 입지와 고객들의 마음을 뒤흔들기란 힘들었다. 그래서 그들이 만든 것이 바로 '무료 플래카드 자판기'였다. SK VIEW는 이 자판기를 인천 문학야구경기장과 인천공항에 각 1대씩 설치하고 특정 팀과 선수를 응원하는 관중과 가족이나 친지를 마중 나온 공항 이용객들에게 무료로 사용할 수 있게 했다. 이용자들이 직접 문구와 디자인을 만들어서 출력할 수 있도록 한 방식이었다.

SK VIEW는 이 자판기를 통해 두 가지 결과를 노렸다. 하나는 플래카드에 'Welcome Home SK VIEW'라는 문구를 넣어서 플래카드를 만드는 사람, 받는 사람, 이것을 집에 가져가서 기념으로 걸어두는 사람 모두에게 브랜드와 캠페인의 인지도를 높이고자 했다. 또 하나는 있는 '공항(가족을 맞이하는 곳)'과 '야구장(홈베이스와 홈의 연관성)'을 통해 Welcome Home SK VIEW라는 새로운 캠페인의 철학과 가치를 표현하고자 했다.

자판기가 설치된 후 예상대로 사람들의 반응은 매우 뜨거웠다. 의도했던 대로 많은 고객이 SNS와 블로그 등에 플래카드 자판기에 대해 올렸고, 많은 언론에서도 이 현상에 대해 앞다퉈 보도했다.

좋은 캠페인은
일이 열리고 발이 달린다

SKT에서 주최한 T-Mobile의 'Welcome Back' 캠페인은 텔레콤 사업과 직접적인 관계는 없지만 '삶은 나눔이다'라는 슬로건에 어울리는 캠페인이었다. 귀국하는 사람들만의 허전하고 외로운 감정을 잘 관찰해서 캠페인에 적용한 것이다.

단 하루, 일반인 차림을 한 300명의 보컬 오케스트라가 히스로 공항에 나가 귀국하는 사람들을 맞이했다. 이날의 돌연한 주인공들은 처음에 좀 놀라는 눈치였지만, 곧 환한 웃음을 보이며 모르는 사람들의 환대에 감격했고 눈물을 흘렸다. 단 한 명을 위해 그 많은 사람이 따뜻하게 보내준 환영 인사는 지켜보는 이들의 마음까지 뭉클하게 만들기에 충분했다.

유네스코의 〈세계수자원보고서〉에 따르면 우리나라는 '물 부족 국가'에 해당한다. 국민 1인당 가용 수자원량을 기준으로 했을 때 세계 180개국 중에서 146위에 위치한다는 것이다. 세계적으로도 물 부족은 심각한 문제다. 최소한의 위생 처리도 안 된 물을 마시는 사람이 전 세계에서 10억 명이 넘고 이로 인한 각종 수인성 질병으로 매년 500만 명이 죽고 있다. 안전하지 못한 식수의 최대 피해자는 어린이들이다. 매 15초마다 한 명씩 갈증이나 물로 인한 질병으로 사망한다고 한다. 하루에만 6천 명이 넘는 숫자의 어린이가 물 때문에 죽음을 맞는 것이다.

이런 안타까운 현실 속에 유엔은 1992년, 매년 3월 22일을 '세계 물의 주간'으로 정했다. 그리고 2007년 유니세프는 세계 물의 주간을 앞두고, 세계적인 물 부족 현상에 대한 경각심을 높이는 한편 전 세계 수백만 어린이들에게 깨끗한 식수를 제공할 수 있는 캠페인을 열었다.

유니세프의 기부금을 늘리기 위해 캠페인의 진행을 맡은 광고 회사 드로가5는 전혀 색다른 전략을 세웠다. 상품을 팔듯 새 브랜드를 만들기로 한 것이다. 유니세프를 위해 만들어지는 것이기에 누구에게도 소유권이 없는, 그러나 어디에서나 만날 수 있는 브랜드이자 제품의 생산 비용이나 패키지 비용이 필요 없는, 그리고 아직까지 돈으로 거래되지 않은 브랜드를 기획했다. 그것은 바로 수돗물이었다.

식당에서 일반 생수 대신 1달러를 지불하고 수돗물을 주문하면, 그 수익을 물 부족 국가의 어린이들을 위한 기금으로 사용하도록 하는 캠페인이었다. 어디에나 존재한다는 의미에서 유비쿼터스 브랜드라고 할 수 있는 이 '수돗물 프로젝트'은 수돗물은 마침내 새로운 가치를 지닌 브랜드로 다시 태어나게 되었다. 프로젝트 런칭은 뉴욕에서 시행됐고 2007년 세계 물의 주간을 맞아 판매를 시작했다. TV 요리 관련 프로그램을 진행하는 유명한 요

• 유니세프의 수돗물 프로젝트는 리아나, 테일러 스위프트, 아드리언 그레니어 등 유명인
들의 집중적인 참여로 뉴욕 식당들의 빠른 참여를 유도함으로써 대대적인 성공을 이룰 수
있었다. 참여를 통해 진정성 있는 가치를 이룰 수 있다는 것을 잘 보여준 사례다.

리사들과 연예인, 정치인들을 홍보대사로 임명했다. 특히 미국
유명 드라마 〈섹스앤더시티〉에서 뉴요커의 이미지를 강하게 남
긴 사라 제시카 파커Sarah Jessica Parker도 동참시켰다.

　이 캠페인의 관건은 무엇보다도 함께할 식당들을 빨리 수배하
는 것이었다. 식당에는 두 가지 종류의 물이 있다. 경우에 따라
10달러도 넘는 돈을 주고 사먹는 생수가 있는가 하면 공짜 수돗
물도 있다. 다행히 뉴욕의 많은 식당이 이 프로젝트에 참여했다.
식당 창문에는 신용카드 가맹점을 알리듯 수돗물 프로젝트의 로
고스티커를 부착해 사람들의 시선을 끌었다. 유니세프는 이 프

로젝트에 후원사로 참여한 〈에스콰이어〉 잡지를 통해 새로운 수돗물의 탄생과 "물을 마시면, 물이 기부됩니다."라는 프로젝트의 슬로건은 널리 알렸다. 'NY TAP'이라는 상표가 붙은 멋진 물병을 보여주며 수돗물을 통해 다른 사람들과 소중한 인연을 나눌 수 있음을 강조했다.

큰 수고와 많은 비용을 들이지 않고도 깊은 의미를 전달하며 참여를 이끌어낸 성공적인 캠페인이었다. 단순히 보면 레스토랑을 찾은 손님들을 대상으로 물 부족 국가 아이들을 위한 기금을 모은 사례라 할 수 있지만 더 나아가, 수돗물을 브랜드화해서 물의 소중함을 일깨우는 한편 여러 홍보 장치들을 통해 사람들이 쉽게 참여할 수 있는 기반을 만든 의미 있는 캠페인이었다.

미국의 대표적인 신용카드회사 아메리칸 익스프레스사는 소규모 상인들을 돕고자 2010년부터 'Small Business Saturday' 캠페인을 진행하고 있다. '블랙 프라이데이'부터 시작하는 대형 쇼핑센터의 대규모 할인행사와, 소비자들이 대거 온라인 쇼핑에 나서는 '사이버 먼데이' 사이에 낀 소상인들을 위한 날을 만들자는 의도였다. 그래서 금요일과 월요일 사이에 낀 토요일이 선정된 것이다.

소비자들로 하여금 상대적으로 경쟁력이 약한 지역 내의 작은 가게들에 방문하도록 유도해 지역 경제와 상권을 살리자는 목표

SMALL BUSINESS SATURDAY

★ ★ ★

SATURDAY, NOVEMBER 29

● 이 캠페인은 대중에게 뚜렷한 사회 공익 목적에 직접 동참하게 함으로써 선행을 하고 있도록 느끼게 했다. 이런 취지로 성공적인 결과를 넘어서 법제화까지 검토됐다.

는 처음부터 좋은 호응을 얻었다. 작은 가게들은 아메리칸 익스프레스의 도움 팸플릿을 만들고 저마다 페이스북 페이지를 만들었다. 또한 아메리칸 익스프레스는 페이스북 페이지, 배너, 트위터, 위치기반 SNS 포스퀘어 수단을 이용해 소상인들이 자신을 더 많이 알릴 수 있도록 독려했다.

이 캠페인은 커다란 성공과 함께 법제화까지 검토됐다. 소비자로 하여금 뚜렷한 사회 공익 목적에 직접 동참함으로써 자신이 '좋은 일'을 하고 있다고 느끼도록 한 것이 성공의 비결이었다. 오바마 대통령조차 자신의 두 딸을 데리고 근처 가게를 방문할 정도로 이 캠페인은 미국 전체의 관심사로 떠올랐다. 아메리칸 익스프레스는 이 캠페인을 통해 자사의 이미지를 고취시켰을 뿐 아니라, 대대적인 미디어 노출을 받음으로써 홍보 효과도 톡톡히 거두게 되었다.

헝가리의 무선통신회사 Pannon ZRT에서는 소비자가 문자 메시지를 보냈을 때 그 문자 내용을 노래로 만들고 웹사이트의 실시간 방송을 통해 라이브로 공연하는 캠페인을 진행한 적이 있다. 캠페인을 진행한 BANDI의 공연 내용은 여러 동영상 사이트에 소개되고 TV 토크쇼에도 출연할 만큼 이슈화됐다. 소비자의 적극적인 참여와 재미있는 콘텐츠 구성으로 흥미를 유발해 성공한 예다. 캠페인을 진행하는 동안 웹사이트의 방문자 숫자가 22만 명으로, 이전 캠페인 때보다 3배 이상 많은 참여율을 보였다고 알려졌다.

사가미 콘돔 사는 제품 특성상 기획 단계에서부터 소비자의 참여와 확산에 대해 어렵게 고민한 끝에 남녀의 사랑을 주제로 한 캠페인을 내놓았다. 2008년 10월부터 3개월에 걸쳐 진행된 이 캠페인은 신제품 출시에 대한 광고임을 대놓고 알리는 티저 형식이었지만 광고주와 광고 상품을 드러내는 않았다. 캠페인의 메시지는 이렇다. "사랑에는 거리가 필요하다. 바로 사가미 콘돔만큼

• 실제 장거리 커플의 만남에 미션 조건을 두고 그 상황을 온라인으로 공유함으로써 감정을 몰입시키면서 더욱 많은 사람의 참여를 유도했던 사가미 콘돔의 인터렉티브 캠페인은 영리한 아이디어로 큰 성과를 이뤘다. 성적인 제품을 오히려 감성적으로 포장하여 누구도 거부감 없이 참여할 수 있게 만든 좋은 사례다.

의 거리다.”

　이를 효과적으로 전달하고자, 사가미는 소비자들이 장거리 연애를 가상 체험할 수 있는 웹사이트를 오픈했다. 웹사이트는 두

가지 버전이 있는데, 하나는 남성에게 또 하나는 여성에게만 열려 있었다. 장거리 연애 중인 커플이 12월 1일부터 각각 도쿄와 후쿠오카를 출발 지점으로 해서 서로에게 달려가는 방식이었다. 두 명의 진로는 웹사이트에서 생중계 영상으로 공개되었다. 두 커플은 개인 휴대전화를 쓸 수 있었지만 연락 수단은 문자와 밤 11시부터 단 10분간의 영상 통화만으로 제한됐다. 사가미는 그들의 모습을 공개하는 동시에 장거리 연애에 대한 설문조사를 사이트 내에서 진행했다. 결국 두 사람을 응원하는 수많은 메시지가 캠페인의 바이럴 마케팅 효과를 가져왔고, 두 사람이 만나는 날 드디어 사가미의 그것이 공개됐다. 류이치 사카모토의 배경음악이 인상적인 이 서정적인 영상은 콘돔 광고의 역사를 바꿔놓았다. 특히 영상에서 두 사람의 거리가 점점 줄어들고 결국 0㎜에 이르렀다가, 다시 0.02㎜가 됨을 알려주는 카피는 성적인 코드를 거부감 없이, 강력하게 어필했다.

무엇보다 실시간으로 참여 가능한, 두 가상의 남녀를 영상으로 지켜보고 응원의 메시지를 보내고 설문에도 참여할 수 있는 인터렉티브 캠페인이었기에 수많은 청춘 남녀의 뜨거운 관심을 받을 수 있었다. 이 캠페인은 하나의 광고를 넘어 대학 광고홍보학과 교재에도 자주 활용되고 있다.

루마니아의 초콜릿 바 ROM은 우리나라의 초코파이와 흡사한

• ROM이 애국심을 자극하는 광고를 전면으로 내세우며 범국민적인 논쟁을 일으켰던 시도는 반발을 참여로 만든 역발상의 성공적인 아이디어였다.

국민과자다. 하지만 미국 문화에 익숙한 루마니아의 젊은 소비자층은 미국산 스니커즈를 더 선호했다. ROM은 '올드하다'는 인식이 확산되면서 쇠퇴기에 접어든 상품이었던 것이다.

이런 고정관념을 변화시키기 위해, 일주일간 ROM의 겉포장에 디자인된 루마니아 국기가 성조기로 바뀌었다. 그리고 파격적인 카피를 달았다. "이 새로운 ROM을 먹어보세요. 애국심이 당신을 먹여 살리지는 않으니까요."

루마니아 젊은이들의 논쟁은 격렬했다. ROM을 매국노 취급하며, 루마니아 국기로 포장된 ROM을 돌려달라는 시위까지 열었다. 트위터와 블로그에도 논쟁이 들끓었다. 국산품에 무심하던 젊은층의 애국심을 건드린 것이 주효했던 것이다. 그 시점에서 ROM의 제조업체 칸디아 둘체는 "루마니아 국민이 미국보다 조국을 더 사랑하는 것을 알게 되었다."라며 포장지를 다시 바꾸었다. 물론 이것은 처음부터 계획된 마케팅의 수순이었다.

캠페인은 67%의 루마니아 사람들에게 영향을 미쳤고 30만의 무료 퍼블리시티 효과를 보았다. 6일 동안 ROM의 웹사이트는 7만 5천 명의 방문객을 맞이했고 페이스북 팔로우 수는 300%나 증가했다. 당연히 ROM은 루마니아 초콜릿 바 시장 점유율 1위를 거머쥐었으며, 더불어 칸 크리에이티비티 페스티벌에서 2개 부분에 걸쳐 대상을 받기도 했다. 마케터가 의도한대로 소비자들이 완벽하게 움직여준, 과감하고 성공적인 캠페인이었다. 소비자들의 반발을 참여로 역이용한 기발한 크리에이티브였다.

참여의 열쇠
공유가치

수세미라는 상품은 젊은 층으로서는 접근하기 쉽지 않은 품목이다. 그러나 브라질 1위 수세미 브랜드인 3M의 '스카치 브라이트'는 전통적인 메시지나 홍보 방법을 벗어나 젊은 층의 참여와 바이럴을 이끌어내고 브랜드 인지도를 높이고자 마음먹었다. 이렇게 시작된 'IMC' 캠페인은 "돈 내기 싫어? 그럼 접시 닦아!"라는 슬로건을 내걸고 이색적인 이벤트를 시도했다.

브라질 상파울루의 인기 있는 레스토랑을 방문한 젊은 고객들에게 계산서를 내밀 때, 매장 직원이 스카치 브라이트 수세미를 보여주며 특별한 제안을 하는 것이다. 주방에 가서 접시를 닦으면 음식 값을 지불하지 않아도 된다고 하자 손님들은 예상 못했던 상황에 큰 관심과 호기심을 동시에 보이며 적극적으로 호응했다.

제안을 수락한 이들은 주방에서 앞치마를 두르고 직접 스카치 브라이트 수세미를 이용해 접시를 닦으며 잘 알지 못했던 브랜드와 제품의 특성을 흥미롭게 경험했다. 스카치 브라이트가 초점을 둔 것은 공유가치의 창출이었다. 이것에 초점을 둔 경험을 제공함으로써 타깃 고객이 즐거운 저녁 시간을 보낼 수 있도록 이벤트를 마련해준 것이다. 덕분에 손님들은 공짜로 밥도 먹고 기억에 남을 만한 즐거운 경험도 하게 되었다.

브랜드적인 측면에서 태도와 연상의 힘은 강력하다. 그들의 즐거운 경험은 스카치 브라이트에 대한 호의적인 인상으로 이어졌을 것이다. 이 기억은 후에 수세미를 사려고 할 때, 스카치 브라이트를 자연스럽게 선택하도록 그들의 손을 이끌었을 것이다.

• 탐스 슈즈가 사람들에게 심어준 탐스 슈즈만의 공유가치는 마케팅 전략이라고만 말하기에는 부족하다. 내가 사서 신는 신발과 같은 것이 아프리카 아이들에게 전달된다는 방식은 다른 기부 활동보다 직접적이고 명확하게 인식되어 성취감을 높여주고, 또 신발을 살 때 탐스 슈즈를 선택하게 만든다. 이것은 상품을 얻는 만족보다 그 이상의 가치를 얻게 해준다.

탐스 슈즈는 대중매체 광고비를 한 푼 들이지 않고 입소문으로만 날개 돋친 듯 팔리는 브랜드로 유명하다. 특별한 유통전략도 마케팅 전략도 없지만, 탐스 슈즈에는 '선행'이라는 브랜드 아이덴티티가 있다. "내일을 위한 신발."이라는 슬로건을 내건 이 브랜드의 목적은 제3세계 어린이들을 대상으로 한 '나눔의 실천'에 초점이 맞춰져 있다. 이 아이덴티티가 광고도 마케팅전략도 없는 탐스를 뜨는 브랜드로 만들어놓았다.

탐스 슈즈는 'one for one'이라는 일대일 기부공식을 가지고 있다. 한 켤레의 신발이 판매될 때 마다 한 켤레의 신발을 제3세계 어린이들을 위해 기부한다.

이 전략을 만들어낸 사람은 블레이크 마이코스키Blake Mycoskie라는 미국의 청년이다. 그는 2006년 아르헨티나 여행 중 맨발로 다니는 아이들이 상피병象皮病에 걸려 고통에 시달리는 것을 본 그때부터 도움을 줄 방법을 궁리했고, 탐스 슈즈라는 회사를 차려서 아르헨티나 전통 신발을 현대적으로 변형하여 제작했다.

처음에 200켤레를 만든 그는 미국으로 돌아와 주변 사람들에게 판매하기 시작했다. 기부의 뜻은 좋지만 광고나 홍보가 전혀 없었기 때문에 판매율은 저조했다. 그러나 〈LA타임스〉의 한 기자가 신문에 탐스의 신발과 나눔 정신을 소개하면서 탐스는 폭발적인 판매율을 보이기 시작했다. 6개월 후 탐스 슈즈는 10000켤레의 신발을 아이들에게 기부하게 되었다. 착한 브랜드가 대중에게 알려지면서 공감을 이끌어낸 결과다. 이후 2010년 9월까지 탐스 슈즈는 무려 백만 켤레의 신발을 기부할 수 있었다.

기부 활동을 펼치는 브랜드는 많지만, 탐스 슈즈의 경우 '신발을 샀을 때 신발을 준다'는 직접적인 연결 고리가 인상적이다. 이 공유가치가 직접적인 참여를 더욱 강하게 이끌어낼 수 있었다. '참여가 곧 판매'라는 공식을 성공적으로 이뤄내 수많은 사람의 참여를 이끌어낸 성공적인 사례다.

온라인 5일장의
박리다매

최근 쿠팡을 비롯한 소셜커머스 업체들은 소비자와 판매자의 본질적인 욕구를 자극했다. 싸게, 현명하게 사고 싶다는 소비자의 욕구와 재고 없이 많이 팔고 싶다 는 판매자의 욕구를 연결해준 것이다. 소셜커머스들은 온라인상에 5일장을 열 공간을 마련해놓고 사람들에게 외쳤다.

"여기 싼 물건 있어요!" 그 외침은 온라인 상거래의 새로운 모델이 되었다. 소셜커머스에서의 구매는 오직 참여와 확산을 기반으로 이루어져 있다. 인터넷의 발달과 SNS의 인기는 사람들을 제 발로 찾아오게 만들었다. 그 스케일은 예전 몇몇 사이트에서 진행되던 공동구매와는 비교가 되지 않을 만큼 크다. '소셜'이라는 이름이 무색하도록 단지 공동구매를 확장하는 수준에 머물고 있어 안타깝기도 하지만, 소셜커머스들이 '참여와 확산'을 통해 새로운 비즈니스 영역을 개척해왔다는 것은 분명 놀라운 일이다. 또한 소비자와 판매자 모두에게 동의를 얻고, 그를 통한 경제활동으로 서로 이익을 주고받는 사업 모델을 제시했다는 것 또한 대단한 일이 아닐 수 없다.

게임과 운동을
사랑하는 사람들에게

'스마트 월드'란 말 그대로 똑똑한 세상을 뜻한다. 스마트 월드에서는 주변의 사물들이 나를 대신해서 일을 해주는 경우가 많다. 앞으로는 점점 많아질 것이다. 사람의 참여가 아닌 사물의 참여인 것이다.

책상 위 연필꽂이에 꽂혀 있는 '자'라는 도구를 생각해보자. 단순한 사물이지만 이 안에는 무수히 많은 지식이 내재되어 있다. 길이와 척도의 개념, 아라비아 숫자와 십진법 등 우리가 배우는 데 몇 년이나 걸린 내용이 이 플라스틱에 담겨 있는 것이다. 이처럼 자라는 도구는 우리 대신 사고하고 그 결과치를 산출해낸다. 이것이 자의 참여다.

또 다른 예로 자동차를 떠올려보자. 초기의 자동차는 가솔린 장치의 점화시기와 밸브의 개폐시기, 기어와 브레이크 압력까지 일일이 운전자가 조정해야 했다. 하지만 인간은 컴퓨터 통제 메커니즘을 만들어냈고, 이제는 그 소프트웨어가 운전자를 대신해 자동차에 대해 사고하고 자동차를 조종한다.

우리는 우리 스스로가 창의적인 발상을 하며 문제를 훌륭하게 해결해냈다고 쉽게 믿곤 한다. 하지만 그 아이디어가 완전히 나 자신만의 생각일까? 외부의 그 무엇이 아이디어 속에 포함되어 있지는 않을까?

닌텐도의 'Wii'의 경우를 보자. 비디오 게임 개발자들은 수 년 전부터 주로 10~25세의 젊은 남성 게이머들을 타깃으로 판매 전략을 펼쳐나갔다. 그리고는 시장 확대를 위해 점차 여성과 중장년층에게도 관심을 갖기 시작했다. 하지만 여성과 중장년층을 위해 비디오 게임의 본질적 속성을 수정하는 시도는 없었다.

닌텐도 Wii는 여러 가지 변모를 꾀했다. 가장 중요한 것이 비디오 게임의 콘셉트를 완벽하게 바꾸어놓았던 부분이다. 지금까지와는 달리, 신체적 운동을 할 수 있는 비디오 게임의 개념을 처음 도입한 것이다. 이는 여성과 중장년층에게도 어필할 수 있는 매력이었다.

닌텐도 Wii의 성공 요소는 크게 두 가지다. 첫 번째로 베이비부머 세대들이 나이를 먹어가고 있다는 것을 눈여겨보았다는 점이다. 그들은 건강에 관심이 많은 편이며, 반면에 시간적 제약 탓에 집에서 운동을 할 수 있는 그 무언가를 찾고 있었다. 닌텐도는 이런 점을 잘 포착하고 공략한 상품이었다. 두 번째로 사물의 참여를 아이디어로 잘 연결했다는 점이다. 여기서 말하는 사물의 참여가 바로 스마트 월드다. 비디오 게임기와 실내 운동 기구라는 이질적인 두 가지의 극적인 사물의 참여가 닌텐도 Wii의 탄생을 불러왔다.

때로는 사람들의 참여에 대한 목소리를 듣는 것도 중요하지만, 사람들에게 직접 사물을 이용하고 체감하게 하는 참여에 한 번쯤 더욱 유심히 살펴보는 것은 어떨까?

생각을 만드는 것이
즐거움이 되길 바라며

우리를 둘러싼 모든 것은 생각의 소재인 동시에 산물이다. 르 코르뷔지에Le Corbusier의 〈롱샹 성당〉, 살바도르 달리Salvador Dali의 〈기억의 지속〉을 보자. 르 코르뷔지에는 귀를 기울였다. "언덕 위에서, 나는 토지라는 형식으로 울려 퍼지는 소리에 건축적으로 반응했다." 주변 풍경에 관심을 가지니 풍경이 메아리치는 소리를 듣게 되었다. 메아리로 이어졌던 소리는 다시 롱샹 성당이라는 건축물로 탄생되었다. 살바도르 달리는 꿈과 무의식적인 행위에 대해 누구보다 깊이 고찰한 화가로, "그림이란 숱한 비합리적 상상력에 의해서 만들어지는 천연색 사진이다."라고 말할 정도로 그의 비이성과 과장에 대한 관심이 초현실주의를 낳게 했다.

이처럼 일상 소재로부터 남과 다른 시선으로 아이디어를 도출해낸 이들에게는 하나의 공통점이 있다. 바로 관심이다. 사물과 현상, 나아가 만물에 관심을 기울였기에 그를 낯설게 볼 수 있었고 남들과 다른 발상을 할 수 있었다.

모든 생각은 연결되어 있다. 모든 아이디어는 반사된 빛이다. 따라서 빅 아이디어를 만들려면 생각의 시선부터 바뀌어야 한다. 우리는 많은 것에 둘러싸여 살아간다. 여름이 익어가는 더위에, 푸르러가는 초목들에, 사람들의 온정에. 평소에는 잘 느끼지 못하지만 우리 주위에 많은 것들이 지나가고 마주치고 사라져간다. 누군가에게는 그저 지나쳐갈 뿐인 그것들이, 누군가에게는 새로운 생각을 만들어내는 재료가 된다.

당신이 보고 있는 모든 것은 결국 누군가의 아이디어다. 우리가 위치해 있는 이 공간의 구조물이, 걸치고 있는 옷이, 우리를 둘러싼 모든 것이 다른 이의 생각이다. 그렇게 아이디어는 눈사람처럼 연결되어 커져가는 것이다.

어찌 보면 아이디어의 시초는 관심일지 모른다. 관심의 사전적 의미로는, 어떤 것에 마음이 끌려 주의를 기울임 또는 그런 마음이나 주의라고 정의되어 있다. 마음의 본바탕을 바르게 살펴봄이라는 뜻을 가지고 있다. 결국 관심이란 사물과 현상의 본질에 다가가는 시작이다. 관심觀心은 보다見와 느끼다心라는 뜻의 결합이다. 관찰觀察, 발견發見, 상상想像 모두 보다見나 느끼다心가 들어 있다. 결국 관심에서 시작하는 아이디어는 무엇인가를 보고 느끼는 노력이 겹겹이 쌓인 퇴적물인 셈이다.

생각은 눈에 보이지도 손에 잡히지도 않아 막막하지만, 핵심에는 '남들이 보지 못하는 시선'을 가지고 있어야 만들어진다는 원리가 있다. 보이지 않는 것을 보는 통찰의 시작은 내가 갖고 있는 나만의 시선, 즉 주관主觀이다. 주관이란 남과 다른 것이므로 그 자체로 창조적이고 따라서 생각의 산물인 셈이다.

자크 라캉이 "인간은 타자의 욕망을 욕망한다."라고 말한 것처럼, 우리는 객관이라는 잣대 아래서 스스로 눈을 가린 채 남들의 시선으로 세상을 보고 있는지도 모른다. 〈목욕하는 여인들〉로 유명한 오귀스트 르누아르Auguste Renoir의 작품이 높이 평가받았던 것은 당대의 엇비슷한 예술 작품 속에서 그의 작품만이 개성을 갖고 있었기 때문이었다. 르누아르의 작품은 '르누아르임의 것'임 알 수 있는 색채와 감성을 지니고 있다. 많은 작가가 붓과 물감으로 캔버스를 꾸밀 때 르누아르는 자신이 재료가 되어 작품을 창조해낸 것이다.'흔함'과 '객관'에서 벗어나 자기다운 주관을 관철하고자 하는 노력의 퇴적물들이 결국은 생각의 돌파력을 만들어낸다.

아이디어를 얻으려면 역발상을 하는 것도 중요하다. 확률의 문제는 있겠지만 남들과 반대의 방향에서 의미 있는 생각이 발견되었다면 그만큼 아이디어의 가치가 커질 것이다. 반자도지동反者道之動, 거꾸로 가는 것이야말로 진정한 도의 운동성이라는 도덕경의 구절처럼 말이다.

세상 모든 사건과 대상의 양면을 바라볼 통찰력을 가질 수 있다면 새로운 관점을 만드는 능력도 그만큼 커진다. 순이 있으면 역이 있고, 정이 있으면 반이 있다. 생명력의 유무를 떠나 오롯이 한 면인 존재는 없다. 반드시 모순되고 반대되는 양면을 지니고 있다. 양면 모두를 살필 수 있다면 삶에 필요한 균형 감각 또한 자연스럽게 체득될 것이다.

특히 시인 고은의 작품 중 〈길〉에서 양면성의 진리를 느낄 수 있다. 시인은 시에서 길이 없으니 여기서부터 희망이라고 했다. 양면의 아름다움이 느껴진다. 시의 구절 속에서 "길이 없다."라고 한 속뜻은 "길이 있었다."는 말이자 "앞으로 길이 있을 것."이라는 의미로 느껴진다. 그리고 "어둡다."라고 한 속뜻은 "밝았었다."라는 말이자 "앞으로 밝을 것."이라는 것을 의미한다.

주어진 하나의 사실에 매몰되면 볼 수 없는 것들이 참으로 많다. 주어진 사실에 매몰되지 않으면 볼 수 있는 것이 참 많다. 없음의 다른 면, 어두움의 다른 면을 볼 줄 안다면 길은 반드시 나타나기 마련이다.

미술평론가 유홍준 교수는 그의 저서 《나의 문화 답사기》에서 "사랑하면 알게 되고, 알면 보이나니 그때 보이는 것은 전과 같지 않으리라."라고 했다. 좁은 시야에서 벗어나 인사이트로 확장시키기 위해서는 주위 만물을 사랑해야 하는 것이다. 수많은 현인이 수많은 책을 통해 "일상 속에서의 낯섦을 발견하라."라고 했던 충고에서처럼 일상의 낯섦을 발견하기 위한 전제 조건은 도처에 깔린 소재들에 대한 사랑이다.

그 대표적인 예로 옥수수 유전자를 연구하기 위해 7년 동안 옥수수 농사를 짓고 옥수수 한 톨 한 톨의 상태를 점검하는 등 그야말로 옥수수와 지고지순한 사랑을 나누었던 바버라 매클린턱 Barbara McClintock의 열정은 그녀에게 노벨 생리의학상, 노벨 평화상, 노벨 화학상의 영광을 안겨주었다. 여성으로서는 역사상 최초였던 놀라운 업적이다.

"나는 현미경으로 옥수수를 들여다볼 때면 다른 아무것도 생각하지 않고 온 신경을 집중했어요. 세포 속에 완전히 빠져들다 보면 그 작은 것도 커 보이죠. 그래서 다른 사람들이 미처 보지 못한 것들도 볼 수 있어요."

사랑을 느끼고 사랑에 빠지면 비로소 보이는 것들이 있다. 새롭고 남다른 특별한 생각이다. 결국 주위의 모든 것을 사랑해야 비로소 아이디어가 보일 수 있지 않을까. 아이디어란 관심에서 나아가 사랑마저 느끼려는 노력의 결과물이다.

먼 옛날 북산에 아흔 살 된 노인이 살고 있었다. 노인의 집 앞에는 넓이 칠백 리, 높이 만 길에 이르는 태행산과 왕옥산이 가로 막혀 생활하는 데 무척 불편했다. 그러던 어느 날 노인이 가족들에게 선언했다.

"우리 가족이 힘을 합쳐 두 산을 옮기자. 그러면 길이 넓어져 다니기에 편리할 게다."

당연히 가족들은 반대했지만 노인은 자신의 뜻을 굽히지 않았고, 다음날부터 작업에 나섰다. 마지못해 아들과 손자도 나서서 이 말도 되지 않는 노동을 시작했다. 지게에 흙을 지고 발해 바다에 갔다 버리고 돌아왔는데, 그것만 꼬박 1년이 걸렸다. 이 모습을 본 이웃 사람들이 비웃거나 안쓰러운 표정을 지었다.

"이제 머지 않아 돌아가실 어른이, 어찌 이런 무모한 짓을 하신단 말입니까?"

그러나 우공이라는 노인은 고개를 가로저었다.

"내가 죽으면 내 아들이, 아들이 죽으면 손자가 계속 이 일을 할 것이오. 그러다 보면 언젠가 길이 나겠지."

이 사연을 전해들은 상제가 크게 감동하여 두 산을 각각 멀리 삭 땅 동쪽과 옹 땅 남쪽으로 옮기도록 했다.

우공이산愚公移山에 얽힌 이야기다. 이 이야기의 속뜻처럼 큰 산을 옮기려면 우직해야 한다. 자기 일에 열정과 믿음이 있어야 한다. 《완당 평전》에 실린 추사 김정희가 "붓 일 천 자루와 먹 10개를 갈아엎어 일가를 이루었다."라고 말한 것도 같은 의미이다.

우리가 그토록 염원하고 갈구하는 아이디어는 우리의 머리라는 자궁에서 잉태되어 태어난다. 태아를 위해 어머니가 몸에 좋은 것만을 섭취하듯, 우리도 주변의 모든 것에 관심을 가지는 한편 많이 읽고 많이 보고 많이 경험해야 한다. 그 같은 삶의 자세가 생각의 돌파력을 만드는 한편 삶의 돌파력을 만들어낼 것이다. 이 책이 그 작은 계기로 다가설 수 있기를 기대한다.

책을 마치며
김시래 씀.